VOYAGE

EN FRANCE.

TOME II.

DE L'IMPRIMERIE DE GUEFFIER,
RUE DU FOIN-SAINT-JACQUES, n°. 18.

Le Jeune Soldat invalide et sa fiancée.

VOYAGE EN FRANCE,

Par WILLIAM WRAXALL,

Avec des additions importantes, tirées des Ouvrages de MOORE, ARTHUR YOUNG, et d'autres Écrivains distingués.

Faisant partie séparée de la Bibliothèque Géographique et Instructive des Jeunes Gens, par CAMPE.

TOME II.

A PARIS,
Chez J. E. Gabriel Dufour, libraire, rue des Mathurins, n°. 7.
1806.

Le Jeune Soldat invalide et sa fiancée.

VOYAGE EN FRANCE,

Par WILLIAM WRAXALL,

Avec des additions importantes, tirées des Ouvrages de MOORE, ARTHUR YOUNG, et d'autres Écrivains distingués.

Faisant partie séparée de la Bibliothèque Géographique et Instructive des Jeunes Gens, par CAMPE.

TOME II.

A PARIS,
Chez J. E. Gabriel DUFOUR, libraire,
rue des Mathurins, n°. 7.
1806.

VOYAGE EN FRANCE,

PAR

WILLIAM WRAXALL,

Avec des additions importantes, tirées des ouvrages de MOORE, ARTHUR YOUNG, et d'autres écrivains distingués.

CHAPITRE XI.

Description de Châteaudun. Route de Blois à Tours. Falunières et pétrifications curieuses de la Touraine. Entrée du voyageur dans l'Anjou et le Maine. Fabrique d'épingles de l'Aigle. Pierres atmosphériques tombées près de cette ville.

JUSQU'A présent nous avons suivi assez fidellement notre voyageur dans celles des contrées de la France qu'il a parcourues ; mais les derniers chapitres de ce volume étant plus particulièrement destinés à décrire les provinces de l'est ou du nord, où M. Wraxall n'a point voyagé, nous serons obligés de prendre souvent d'autres guides pour traiter ces diverses parties, et ne point laisser de lacunes.

Au surplus, nous adopterons constamment la même marche. Nos lecteurs ne cherchent point sans doute dans les voyages en Europe, ces incidents variés, ces épisodes dont le voyageur est presque toujours le héros et le personnage intéressant; ces aventures curieuses que l'on trouve en si grande abondance dans les relations qui ont pour objet des contrées peu connues, et dont les usages diffèrent prodigieusement des nôtres.

Mais, en offrant à nos lecteurs une sorte de tableau géographique des différents royaumes et pays de l'Europe, nous ne dédaignerons pas de citer les anecdotes historiques, les événements importants ou curieux dont le souvenir se rattache aux villes, aux lieux divers qui sont retracés dans ces voyages.

Nous sommes pénétrés du principe qu'a émis un écrivain judicieux. [1] « Faites en sorte que l'histoire se lie » dans ces voyages à la géographie » même, *sur-tout quand vous êtes* » *en Europe;* car, ne l'oublions point, » de quelque côté, dit Cicéron, que » nous marchions, nous mettons le » pied sur une histoire. *Quàcumque* » *enim ingrediamur, in aliquam his-* » *riam vestigium ponimus.* »

Nous avons eu également soin de faire mention des divers monuments qui embellissent ou qui embellissoient

---

[1] M. Jondot, l'un des rédacteurs du Journal des Débats; feuille du 31 décembre 1804.

naguère les principales cités de l'empire. Plusieurs de ces précieux objets sont détruits ou déplacés ; mais le souvenir en est consacré dans un si grand nombre d'ouvrages, que le génie du désordre et de la destruction a fait de vains efforts pour en disperser les débris, et en effacer les traces.

Le Vendômois, de la capitale duquel nous avons donné la description à la fin du tome précédent, est un des petits districts qui composoient l'ancienne Beauce. On appeloit *Dunois*, un autre canton dont la ville de Châteaudun est le chef-lieu ; cette cité n'est toutefois remarquable que par une grande place publique, où se tient le marché, et qui égale presque en étendue la place Vendôme de Paris.

Les bâtiments de cette belle place, sont réguliers, mais d'une architecture au-dessous du médiocre.

Toutes les paysannes de ce pays,

ont adopté pour leur habillement une parure et une couleur uniforme. Dans les environs de Vendôme, les villageois sont tous vêtus de bleu; les femmes ont par-dessus leurs jupes un mantelet de même couleur et d'une étoffe de laine grossière. A Châteaudun, les femmes ont toutes des mantelets noirs; aussi la place publique présente, les jours de marché, un effet qui de loin est fort singulier; on croiroit qu'une volée de corbeaux s'est abattue sur la place. Cette uniformité est sans doute moins agréable à l'œil que la bigarrure qui se fait remarquer dans les marchés et autres lieues de réunion de nos grandes villes.

La route de Blois à Tours est une des plus agréables qui soit en France; elle suit la rive de la Loire. Les forêts, qui autrefois étoient en grand nombre dans la Touraine, se sont peu à peu éclaircies, et ont fait place à de superbes plaines cultivées. La beauté et la fertilité de ce pays lui ont mérité le nom de *Jardin de la France*.

Les curiosités naturelles abondent en Touraine ; les voyageurs remarquent particulièrement ce qu'on appelle les *gouttières*, *les coquillières* et les *falunières*.

Les *gouttières* sont des grottes situées à deux lieues et demie de Tours. Il y suinte continuellement une eau imprégnée de matière calcaire, dont les dépôts offrent sur les parois de la grotte les figures les plus bizarres et quelquefois les plus élégantes. L'imagination du peuple y voit la représentation de substances connues, de biscuits, de clous de girofle, etc. Dans d'autres endroits, les concrétions plus volumineuses figurent grossièrement des tables, des chaises, des fauteuils et d'autres meubles.

Mais, comme je viens de le dire, la prévention entre pour beaucoup dans le degré de ressemblance que l'on prête à tous ces objets. Voltaire cite une grotte de cette espèce au fond de laquelle on voyoit une figure de femme assise, tenant près d'elle un rouet et une quenouille. Au-dessus de sa tête, étoit un sédiment calcaire assez semblable, pour la figure, à du lard; toute l'excavation étoit tapissée de pralines de la même substance.

Les bonnes gens du pays racontent que cette grotte avoit été anciennement la chambre d'une femme qui avoit été changée en pierre, tandis qu'elle s'occupoit à filer; que son morceau de lard et les pralines dont elle avoit fait provision, avoient subi le même sort.

Les *coquillières* sont des carrières de pierre, dans la composition desquelles entrent beaucoup de coquilles pétrifiées. On y trouve des échantillons de tous les coquillages connus, et même d'animaux marins, dont l'espèce paroît ne s'être pas perpétuée jusqu'à nous.

Les *falunières* sont des amas de coquilles brisées et comme pétries dans des couches d'une terre blanche et calcaire, que l'on appelle *falun* dans le pays.

Tous ces objets ont fourni, dans ce dernier siècle, une ample carrière aux savants, pour appuyer ou pour combattre les diverses théories de la formation du globe.

La ville de Tours est située sur la rive gauche de la Loire, entre ce fleuve et la rivière du Cher. C'est une ville considérable et bien bâtie; les maisons sont construites de pierre blanche, couvertes d'ardoises, et offrent une belle apparence. La rue qui aboutit à la route de Paris est magnifique et bordée de chaque côté par de larges trottoirs. Au bout de cette rue est un superbe pont sur la Loire; il est construit de quinze arches à voussures plates, ayant chacune soixante-quinze pieds d'ouverture.

Il y a dans cette ville plusieurs belles promenades; notamment les remparts et le mail. La cathédrale et l'église de Saint-Martin sont de beaux édifices gothiques; les tours de Saint-Martin s'apperçoivent de dix lieues à la ronde.

L'abbaye de Marmoutier est fameuse pour avoir été quelque temps la retraite forcée d'Isabelle de Bavière, épouse de Charles VI. Cette princesse en fut enlevée par Jean Sans-Peur, duc de Bourgogne.

La *Cuve de Saint-Martin* est un puits ou citerne creusée dans le roc; l'eau s'y soutient toujours à peu près au même niveau. C'est toutefois de son plus ou moins d'élévation que les gens du pays prétendent tirer un pronostic sur l'abondance de la récolte de l'année.

Cette ville est la patrie du père Rapin, jésuite, qui s'est rendu recommandable par plusieurs ouvrages, et sur-tout par un poëme des *Jardins* en langue latine. Destouches, auteur dramatique, et Grécourt, auteur de plusieurs contes et poésies fugitives, sont également nés à Tours.

Presque aux portes de la ville, est le château de Plessis-les-Tours, où Louis XI est mort en 1483. Ce bâtiment est très-beau, quoique bâti de briques, et qu'on l'ait considérablement changé en y établissant des magasins.

Le château de Chaumont, dont Henri II fit présent à Diane de Poitiers, sa maîtresse, est aussi d'un beau style d'architecture. La ville d'Amboise est remarquable pour avoir été, en 1560, le lieu de rassemblement des chefs protestants, et le foyer des guerres de religion. Les conjurés avoient formé le projet de s'emparer de la personne du roi François II, foible successeur de Charles IX, et de se saisir aussi des Guises.

La ville de Loches est agréablement située sur la rivière d'Indre, et renferme environ quatre mille habitants.

Un des disciples de Saint-Our, patron du pays, et qui vivoit au cinquième siècle, fit construire sur l'Indre un moulin qui subsiste encore, quoiqu'il se soit écoulé mille à douze cents ans. Mais, ce qu'il y a d'extraordinaire, c'est que suivant une tradition du pays, la même meule, placée par le Saint, y sert encore sans qu'il s'y soit fait aucune diminution, quoiqu'elle ait autant travaillé que les autres, et que la durée d'une meule ait ses limites. Ce qu'il y a de certain c'est que la meule dont on parle, n'a que sept pouces sept lignes d'épaisseur, et que dans tous les anciens baux il en est fait mention. Aussi les bonnes gens vont souvent en gratter des raclures, ils les mettent infuser dans de l'eau, et les boivent pour se guérir de la fièvre.

Cependant cette même meule s'étant fendue, il y a quelques années, en travaillant, on a été obligé de la lier avec un cercle de fer. Les gens du pays sont persuadés que cet accident arriva par suite d'un acte de profanation et d'impiété qui fut commis dans l'intérieur du moulin.

Le château de Loches étoit une prison d'état, sous les premiers rois de la troisième race. On fait voir, dans un des appartements, une cage de fer où le cardinal de la Balue fut enfermé pendant neuf ans, par ordre de Louis XI.

On voit aussi la chambre où le

perfide Louis Sforza, duc de Milan, fut renfermé depuis l'an 1500 jusqu'en 1510, époque de sa mort. Il existe sur la cheminée de cet obscur cachot, une figure coiffée d'un casque, et que l'on assure être le buste de Sforza.

M. Wraxall se fit conduire par un guide dans les *oubliettes*, ou cachots souterrains : ce sont des espèces de labyrinthes où ne pénètre point la lumière du jour ; l'air même en est si mal-sain et si humide, que le flambeau du guide de M. Wraxall fut sur le point de s'éteindre. L'aspect de ce séjour de l'infortune fait sur l'ame une impression bien triste ; mais on n'en revoit qu'avec plus de plaisir, l'air pur et lumineux du dehors.

Dans la principale église de Loches, devant le maître-autel, est le mausolée d'Agnès Sorel, maîtresse de Charles VII, et qui mourut en 1449. Ce monument est de marbre noir, et surmonté de la statue d'Agnès Sorel, en albâtre d'une blancheur éblouissante. Il y a sur cette tombe plusieurs inscriptions, l'une en prose française, les autres en vers latins, et dans lesquelles on fait son éloge de la manière la plus pompeuse, comme cela a lieu dans toutes les épitaphes. Le nom d'Agnès est orthographié *Seurelle*, les Anglais l'écrivent *Soreille*; cela prouve que la prononciation étoit alors bien différente de celle d'aujourd'hui.

Toutefois cette femme, qui eut des foiblesses sans doute inexcusables, ne paroît jamais avoir abusé de son pouvoir sur Charles VII. Dans le temps où les Anglais avoient usurpé ses états, elle ne cessoit de l'engager à renoncer à la mollesse, pour courir la chance des combats; et ce qui prouve mieux que toutes les louanges des contemporains, les bonnes qualités de son ame, c'est que l'éloge d'Agnès Sorel est encore aujourd'hui dans toutes les bouches. Les villageois de ce pays ne cessent de s'entretenir de la beauté, de la générosité et des bonnes actions d'Agnès Sorel.

Saumur est une petite ville à dix lieues d'Angers, sur la rive gauche de la Loire. On y traverse ce fleuve sur un pont de pierre, dont les piles sont appuyées sur diverses petites îles. Ce monument semble avoir été le modèle sur lequel on a construit les ponts de Tours et de Neuilly. Comme ce passage est d'une grande importance, Saumur a beaucoup souffert des guerres civiles du 16ᵉ siècle et de la fin du 18ᵉ. Duplessis Mornay, qui en fut gouverneur au nom d'Henri IV, en fit une place forte des Calvinistes; mais la révocation de l'édit de Nantes, qui fit sortir du royaume tous les non-catholiques, occasionna à cette ville un tort irréparable.

Madame Dacier, célèbre par son érudition dans la littérature grecque, étoit née à Saumur.

Non loin de cette ville, est l'abbaye de Fontevrault, fondée en 1096, par Robert d'Arbrissel. Les abbesses de Fontevrault ont souvent été des princesses du sang royal.

Angers, autrefois capitale de la province d'Anjou, et qui est aujourd'hui le chef-lieu du département de la Mayenne, est situé sur cette rivière, un peu au-dessus de sa réunion avec le Loir, la Sarthe et la Loire; la Mayenne la divise en haute et basse ville. C'est une cité considérable, mais les maisons n'en sont pas très-bien bâties, malgré leurs couvertures d'ardoises; les murailles dont Jean, roi d'Angleterre, l'entoura en 1214, subsistent encore presque dans leur entier.

Le château a été bâti par Saint-Louis. La cathédrale est un édifice majestueux ; on y a enterré Marguerite, fille de René, roi de Sicile, et épouse du malheureux Henri VI, roi d'Angleterre.[1] Elle mourut au château de Dampierre en Anjou, dans l'année 1482, après avoir fait d'inutiles efforts pour replacer son mari sur le trône. L'histoire de cette princesse tient à l'histoire de France, car elle fut cause de la cession de la province d'Anjou à la couronne. Cette province appartenoit d'abord aux rois de Sicile ; mais Marguerite ayant été faite prisonnière par le roi vainqueur, Edouard IV, le roi de France se chargea de la racheter, et pour prix de sa rançon il obtint de René, roi de Sicile, père de Margue-

---

[1] Cet Henri VI étoit le compétiteur de Charles VII à la couronne de France. Il fut, à l'âge de neuf mois, en 1422, proclamé roi de France et d'Angleterre, mais il fut dépouillé des deux royaumes.

rite, la renonciation de tous ses droits sur l'Anjou et le duché de Lorraine. Marguerite eut la douleur de mourir avant de voir remonter la maison de Lancastre sur le trône d'Angleterre, dont elle avoit été chassée par la famille d'Yorck.

La Flèche est une petite ville de l'Anjou ; les jésuites y possédoient une église et un collége, où le célèbre Descartes a étudié. Ses environs produisent en abondance des grains et du vin ; on y élève des poulardes et des chapons, renommés dans toute l'Europe.

La ville du Mans possède les mêmes avantages. Le Mans étoit une cité florissante sous le règne de Charlemagne, et auroit sans doute acquis une grande importance, s'il n'eût été, depuis plusieurs siècles, ravagé par les guerres intestines. La nature même du pays semble favoriser ces sortes de troubles. Le territoire est coupé par des bois, des vallées, des haies dans lesquelles on peut se retrancher et se défendre long-temps sans avoir besoin d'une rigoureuse discipline, ni d'une grande habitude du métier des armes. Des paysans insurgés et mal équipés peuvent y braver les troupes les plus aguerries. De là, l'interminable longueur des guerres de la Vendée, qui n'ont peut-être cessé que par la lassitude et l'extrême misère des habitants.

Du haut de la cathédrale du Mans l'on jouit d'une perspective immense. L'observateur domine sur les provinces de la Normandie et du Perche. Du côté de la Bretagne, on découvre la vaste forêt du Mans, où apparut, dit-on, le fantôme qui fit une impression si funeste sur l'esprit du roi Charles VI. La folie du roi fut attribuée à des sortiléges dont on accusa le duc d'Orléans son frère; mais la calomnie fut découverte; les moines, les prêtres, qui avoient controuvé cette accusation, furent jugés et condamnés à mort : on leur permit, par faveur spéciale, de se confesser avant l'exécution. Ce fut à cette occasion que le roi publia la déclaration qui accorde des confesseurs aux criminels condamnés à mort; auparavant cela ne se pratiquoit pas en France.

M. Wraxall dit que la ville du Mans est petite, mais qu'il la préfère à Angers pour l'élégance et la salubrité.

La province du Maine a fait autrefois partie des possessions des rois d'Angleterre; mais en 1216, Philippe Auguste en a fait la conquête, et l'a pour toujours annexée à la couronne.

Du Mans notre auteur se rendit à Alençon, ville d'une assez grande étendue, et baignée par la petite rivière de Sarthe. Nous ne dirons rien de cette ville, si ce n'est que l'on y fabrique du *point*, sorte de tissu d'un grand prix, et qui diffère de la dentelle, en ce que le *point* est une espèce de filet que l'on fait à l'aiguille, tandis que la dentelle se fait sur des tambours avec une certaine quantité de fuseaux dont les fils se croisent, s'enlacent et composent ce réseau précieux qui ajoute tant d'éclat à la parure des dames.

L'Aigle est une petite ville des environs, renommée par sa fabrique d'épingles. Ce sont les manufactures de ce genre qu'il faut voir, pour se faire une idée des avantages qui résultent de la division du travail. S'il falloit qu'une épingle fût entièrement façonnée par un seul ouvrier, il emploieroit un temps et des peines considérables avant d'en avoir fait une seule. Il faudroit d'ailleurs qu'il eût une grande habitude des divers outils et des préparations nécessaires à ce genre de fabrication. Au lieu de cela, les épingles passent par plusieurs mains ; chaque ouvrier est constamment employé dans le même genre de travail, et fait continuellement usage des mêmes outils. Les femmes et les enfants les plus foibles peuvent y être occupés d'une manière utile pour la manufacture, et lucrative pour eux.

C'est auprès de l'Aigle que sont tombées, il y a trois ans, les pierres atmosphériques, sur lesquelles les physiciens se sont si long-temps exercés. Depuis long-temps on avoit recueilli des pierres que l'on croyoit avoir été le résultat de l'explosion de la foudre. Ces substances se ressembloient parfaitement entr'elles, et n'avoient cependant rien d'analogue avec les produits ordinaires des carrières, des mines et même des volcans. Quelques physiciens ont pensé que ce pouvoient être des pierres lancées par les volcans de la lune, et qui, après être sorties par la force de l'explosion, de sa sphère attractive, tomboient sur le globe terrestre. Mais d'autres ont soutenu (et cette dernière hypothèse paroît être la plus vraisemblable) que ces pierres se formoient spontanément dans l'atmosphère, par le rapprochement subit de diverses substances minérales qui y sont volatilisées et tenues en suspension. L'électricité détruisant tout à coup les vapeurs dans lesquelles des particules métalliques sont dissoutes, elles doivent se précipiter et se réunir en grosses masses, à peu près comme la grêle qui tombe des nuages.

CHAPITRE XII.

Territoire de la Beauce. Villes de Chartres et de Dreux. Cérémonies des anciens druides. Route à Paris, par Rambouillet et Versailles. Villages de Saint-Cloud, Nanterre, Ruelle, etc. Ville et abbaye de Saint-Denis.

En sortant de la province du Maine, on traverse le riche et fertile territoire de la Beauce. Ce pays est si uni et si bien cultivé, que dans le printemps on ne découvre de toutes parts, si j'ose m'exprimer ainsi, qu'un océan de verdure. On parcourt des lieues entières sans appercevoir une seule maison, ni un seul arbre; mais les superbes moissons qui couvrent ces vastes plaines attestent que le pays n'est ni abandonné, ni désert. Les hameaux et les petites villes de la Beauce sont, pour la plupart, situés sur les hauteurs qui l'environnent; il semble qu'on ait pris à tâche d'économiser le terrain.

Une loi fort sage ordonne que toutes les grandes routes soient bordées d'arbres. Ce n'est pas seulement un objet d'agrément, ces plantations suppléent une partie des forêts que l'on a détruites pour faire place à des productions annuelles infiniment plus précieuses pour l'homme pressé de jouir. Ceux de ces arbres qui meurent, ou qui sont abattus à leur maturité doivent être remplacés par les propriétaires du sol qui avoisine les grandes routes. Mais les paysans éludent ces ordonnances dictées d'ailleurs par la prévoyance; ils s'apperçoivent que les racines traçantes des ormes absorbent une partie du suc nourricier qui féconde leurs guérets, et que les blés viennent moins bien sur les lisières de la route que dans l'intérieur des champs. Ils dégradent souvent les arbres, et les font périr prématurément, sauf à les remplacer, parce que les jeunes arbres poussent des racines moins étendues que les vieux, et font d'autant moins de tort à la récolte.

Chartres, ancienne capitale de la Beauce, et chef-lieu du département d'Eure-et-Loir, est situé sur la rivière d'Eure, à vingt ou vingt-deux lieues de Paris. La cathédrale est une des plus belles de France; on en admire sur-tout le clocher, dont les flèches gothiques et découpées à jour, s'apperçoivent de quinze lieues à la ronde. La toiture de cette église a été horriblement dégradée pendant la révolution. Croiroit-on que les comités dits de *surveillance* en avoient enlevé les plombs, pour faire des balles de fusil?

Chartres est la patrie de plusieurs écrivains recommandables, tels que le poète Desportes, André Félibien et le satirique Régnier. Henri IV s'est fait sacrer dans cette ville, après l'avoir prise contre les ligueurs.

Les promenades de cette ville sont charmantes. Quelques rues ont de l'élégance, mais d'autres sont étroites et tortueuses ; les toits des maisons sont garnis de longues et désagréables gouttières, qui traversent quelquefois d'un côté de la rue à l'autre.

La ville de Dreux est à sept lieues de Chartres, sur la Blaise, au pied d'une hauteur escarpée. C'est une ville fort ancienne. Il paroît que son nom dérive des druides, prêtres gaulois, dont le séjour étoit dans les forêts des environs.

Il est certain que c'étoit entre Chartres et Dreux que l'on célébroit, tous les ans, le sacrifice du *gui*, vers le solstice d'hiver. Le gui est une plante parasite, dont les feuilles et les fleurs ont quelque analogie avec le chèvre-feuille; il ne croît pas en pleine terre, mais dans l'aisselle des branches de quelque grand arbre, et particulièrement du chêne.

Le souverain pontife des druides faisoit à l'avance proclamer le jour de la fête dans les neuf provinces gauloises. Une foule innombrable se rendoit à cette solennité. La cérémonie s'ouvroit par une grande procession. Les bardes, dont l'emploi étoit de chanter des hymnes dans les sacrifices, et d'immortaliser, par leurs poésies, les faits héroïques de la nation, ouvroient la marche. Après eux venoient les *eubages* ou augures, puis deux taureaux blancs destinés au sacrifice. On voyoit ensuite paroître les novices, précédés d'un héraut d'armes, vêtu de blanc, coiffé d'un chapeau ailé, tenant à la main une branche de vervène, entourée de deux serpents, tel que la mythologie des Grecs représente Mercure. Immédiatement avant le pontife-roi venoient les trois plus anciens druides. L'un tenoit le pain qu'on devoit offrir; un autre, un vase rempli d'eau; le troisième, une main d'ivoire, fixée au bout d'un long bâton. Cet attribut du pouvoir suprême s'est conservé parmi les monarques français, sous le nom de *main de justice*.

Après les druides et leurs chefs venoient la foule de la noblesse et du peuple.

On avoit choisi d'avance le chêne sur lequel se trouvoit le *gui*, et ces arbres sont assez rares. La procession arrivoit au pied du chêne révéré; le grand prêtre prononçoit une prière, brûloit du pain, faisoit une libation de vin, et distribuoit les comestibles à l'assemblée. Ensuite il montoit sur l'arbre, coupoit le gui avec une serpette d'or, et le jetoit dans la tunique d'un des prêtres, lequel l'exposoit, sur l'autel, à la vénération publique. La solennité se terminoit par le sacrifice des deux taureaux. C'étoit presque la seule fête des druides où l'on n'offrît point de victime humaine. C'est du moins ce qu'affirme le témoignage de Jules César.

Dans la saison opposée, vers le solstice d'été, les druides conduisoient le peuple hors de la ville de Dreux. Chacun tenoit à la main un morceau de bois sec enflammé. C'est là, dit-on, l'origine des feux de joie de la Saint-Jean.

La ville de Dreux est remarquable par la bataille qui s'y donna en 1562, entre les catholiques et les calvinistes. Ceux-ci furent défaits, et le prince de Condé fut fait prisonnier.

La route de Chartres à Paris passe

par Rambouillet et Versailles. Rambouillet possède un superbe château et un parc d'une grande étendue, dans lequel on élève un troupeau considérable de *merinos* ou moutons espagnols. Ce troupeau finira par propager l'espèce dans toute la France.

Versailles n'étoit, au commencement du siècle de Louis XIV, qu'un triste village, avec un rendez-vous de chasse. Il est devenu une grande et belle ville depuis que Louis XIV, jaloux de surmonter les obstacles que lui opposoit la nature, et tourmenté par le desir de créer des merveilles, y a fait bâtir un château qui fut la résidence habituelle de ce prince et de ses deux successeurs. On concevroit difficilement par quelle bizarrerie, Louis XIV a choisi un sol aussi ingrat pour les plantations qu'il se proposoit de faire, tandis qu'il avoit à Saint-Germain-en-Laye un terrain tout préparé, et une exposition sans contredit plus agréable; on concevroit peu, disons-nous, les raisons d'un tel choix, si l'histoire ne nous avoit mis dans la confidence d'une foiblesse de ce grand monarque. De Saint-Germain-en-Laye on apperçoit distinctement l'abbaye de Saint-Denis, et Louis XIV ne vouloit pas avoir sans cesse sous les yeux le triste et dernier séjour de tous ceux de sa race, le tombeau qui l'attendoit lui-même.

Le château de Versailles seroit aujourd'hui inhabité, si l'on n'avoit eu la louable attention d'en faire, en quelque sorte, le dépôt d'objets curieux, qui, dans la belle saison, y attirent les Parisiens et les étrangers voyageant dans la capitale. Les appartemens du roi et de la reine ont été convertis en salles d'exposition des tableaux de l'école française. Une autre partie du château contient le musée ou cabinet d'histoire naturelle. Cette collection est mesquine, et l'on y voit peu d'objets curieux : j'en excepte toutefois une table précieuse qui a appartenu au connétable de Montmorency ; elle a été taillée d'un seul morceau, dans la souche d'un énorme ceps de vigne.

Le parc de Versailles se distingue en grand et petit ; leur réunion forme un circuit de vingt lieues ; le petit château de la ménagerie et celui de Trianon sont dans le grand parc.

La façade du palais du côté des cours n'est pas, à beaucoup près, aussi belle que celle qui donne sur le parc. C'est de ce côté seulement que l'architecture en est uniforme. Du côté opposé, c'est un amas confus de bâtiments.

A une lieue de Versailles est le château de Marly, qui fut construit sous la direction du célèbre architecte

Mansard. Quelque imposant que soit cet édifice, il a bien moins de réputation que la fameuse machine hydraulique, sans laquelle la ville de Versailles manqueroit d'eau. Cette machine, ouvrage du Liégeois Rennekin, consiste en quatorze roues de plus de trente pieds de diamètre, qui, mues par le courant de la Seine, font agir une multitude de manivelles, de balanciers, d'équipages de pompes, etc. Elle fournit plus de vingt-sept mille muids d'eau, en vingt-quatre heures; mais on reproche à cette machine d'être d'un volume trop considérable, et d'un entretien trop coûteux.

A moitié chemin, entre Versailles et Paris, est le bourg de Sèvres, dont nous ne parlerons que pour citer sa magnifique manufacture de porcelaine, et la verrerie que l'on voit sur les bords de la Seine.

Le village de Saint-Cloud est sur

la même rive, et à peu de distance de Sèvres. Ils communiquent ensemble par la grande allée du parc. Le château de Saint-Cloud est fameux par la révolution qui s'y est opérée le 18 brumaire an 8, et par l'effet de laquelle le général Bonaparte est devenu empereur des Français. Il a été restauré et embelli ; l'empereur y fait sa résidence pendant presque toute la belle saison, et même durant l'hiver.

Les villages de Meudon, Bellevue, Ruelle, Neuilly, Nanterre, Auteuil, et, en général, tous ceux de ce côté de la ville sont remarquables, ou par des châteaux somptueusement élevés par nos rois, ou par de belles habitations particulières. On voit encore, à Ruelle, le palais que le cardinal de Richelieu a fait construire. On a enterré, dans l'église, un soi-disant roi d'Ethiopie, nommé *Zaga-Christ*, lequel vint en France, et y mourut sous le ministère de ce cardinal. Il est assez probable que cet homme n'étoit pas un imposteur, mais, dans l'incertitude, on a gravé sur sa tombe l'épitaphe singulière que voici :

> Ci git le roi d'Ethiopie,
> Soit original ou copie,
> La mort a fini les débats
> S'il l'étoit ou ne l'étoit pas.

Le pont de Neuilly est le chef-d'œuvre de l'architecte Peyronet. Le décintrement en a été effectué le 22 septembre 1772, en présence de Louis XV, qui y passa le premier, à cheval.

La ville de Saint-Denis, située au nord de Paris, étoit, comme nous l'avons dit, le lieu de sépulture de nos rois. L'abbaye de saint-Denis possédoit un trésor des plus riches qui fussent au monde.

Louis le Gros, qui y avoit été élevé, eut le bonheur de se lier avec l'abbé Suger, qui lui inspira le goût des lettres, et lui donna même des leçons d'administration et de politique. Après son avénement au trône, en 1200, il s'empressa d'appeler auprès de lui cet homme éclairé.

L'église, qui fut achevée en 1181, est un vaisseau gothique, de la plus grande légéreté. Les rois et les autres princes de la famille des Bourbons avoient, dans les caveaux de l'abbaye, des monuments séparés ; le cercueil de plomb contenant les restes du dernier roi, demeuroit sur les marches du caveau, en attendant son successeur. Leçon muette, mais éloquente de la vanité des grandeurs humaines ! La reconnoissance avoit engagé Louis XIV à y décerner un tombeau au maréchal de Turenne. Les restes de ce grand homme furent, je ne sais par quel hasard, les seuls que n'osa point violer la rage des révolutionnaires. En 1793, une armée de furieux inonda les caveaux de Saint-Denis; on ouvrit les tombeaux, on dispersa les cendres de ceux qui y dormoient dans la paix éternelle; mais on s'apperçut que le corps de Turenne étoit bien conservé, et presque aussi intact que s'il n'eût été que depuis quelques jours dans son cercueil. On le mit en lieu de sûreté, et on le transporta dans les greniers du muséum d'histoire naturelle, comme un simple objet d'art. Ainsi, ce fut à titre de *momie*, que ce grand capitaine mérita quelque respect de la part de ces forcenés. Depuis, les cendres de Turenne ont obtenu, dans l'église des Invalides, un monument plus digne de sa gloire.

Il n'est pas besoin d'ajouter que plusieurs des statues, des monuments qui décoroient ce séjour funèbre ont été horriblement mutilés. Cependant le plus grand nombre a été conservé, et on les voit aujourd'hui, à Paris, dans le musée des monuments français. On doit beaucoup de reconnoissance à l'estimable M. Lenoir d'avoir recueilli tant d'objets précieux, souvent au péril de sa vie. Mais il est à regretter que l'on n'ait pas accordé à cet établissement un local plus digne des monuments qu'on y expose aux yeux des amateurs et des curieux. Une vaste et longue galerie eût été beaucoup plus noble que ces chambres mesquines et obscures, où l'on entasse cénotaphes sur cénotaphes, inscriptions sur inscriptions, et que l'on appelle fastueusement salles du quinzième, du seizième, du dix-septième siècle, etc.

CHAPITRE XIII.

Description de Paris. Différences frappantes qui existent entre ses divers quartiers. Esquisse des anciennes mœurs des Parisiens, tirées du voyage de Moore. Aventures d'un jeune soldat invalide et de sa fiancée. Remarques du même auteur sur le théâtre français.

La ville de Paris est environnée de collines, du haut desquelles on la découvre une ou deux lieues avant d'y entrer. La multitude de ses édifices, l'élégance et l'élévation de quelques-uns, la hardiesse des clochers, des tours, et de ce panthéon dont le dôme s'élance majestueusement au-dessus de tous les autres bâtiments, forment un spectacle admirable; mais il faut ajouter que Paris a cet avantage commun avec toutes les grandes cités de l'Europe, telles que Rome, Londres, Naples et Constantinople.

Lorsqu'on approche de ses murs, l'aspect est bien différent, suivant le côté par lequel on entre dans la capitale. Du côté du faubourg Saint-Marcel, on passe à côté de tanneries, dans des quartiers infects, mal bâtis, habités par des hommes de la tournure la plus misérable; du côté du faubourg Saint-Germain, avant d'arriver aux rues médiocrement peuplées, on traverse des quartiers déserts; on croiroit plutôt entrer dans un gros bourg que dans la capitale d'un empire.

Si l'on arrive par le faubourg Saint-Antoine, c'est encore un spectacle d'un genre tout différent. Deux rues superbes par leur largeur, servent de prolongement, l'une à la route de Lyon, qui passe par Melun et Charenton;

l'autre, à la route qui passe par la barrière du Trône. Les bâtiments ne sont point remarquables par l'élégance de leur architecture ; mais ils sont propres, solides, et peuplés d'artisans industrieux. De tous côtés on entend retentir l'enclume sous le pesant marteau des forgerons.

Ici le bois se contourne en jantes de roue, et en douves de tonneaux ; là, sous les instruments délicats du tourneur et de l'ébéniste, il prend des formes plus élégantes. Mais, malheur à ces hommes laborieux et actifs, si l'or corrupteur les arrache de leurs ateliers. Les annales de la révolution n'ont que trop prouvé à quels excès peuvent se porter les hommes des mœurs les plus douces, des habitudes les plus sédentaires, lorsque des circonstances les font sortir de leur caractère. Cette place rasée et déserte, où s'élevoit naguère la bastille, atteste quelles suites peut avoir un soulèvement, une révolution d'un moment. Les habitants du faubourg, irrités contre cette prison d'état, dans laquelle cependant nul individu de leur classe ne fut peut-être jamais renfermé, s'insurgèrent le quatorze juillet 1789; ils avoient trouvé des armes, soit en forçant le dépôt des invalides, soit en pillant les boutiques des armuriers. Une multitude de Parisiens entourèrent la bastille, et eurent bientôt franchi le pont-levis, parce qu'on ne pouvoit diriger sur eux que deux pièces de canon; l'artillerie des tours ne pouvant les atteindre de si près. On s'empara du gouverneur, on le conduisit, accablé de mauvais traitements, plus mort que vif, à la Grève, et......; mais tirons le rideau sur ces scènes d'horreur....... J'étois bien jeune à l'époque du quatorze juillet, mais cependant capable de quelque réflexion. La fermentation qui régnoît dans tous les esprits, les symptômes qui annonçoient des événements très-prochains, m'engagèrent à lire les mémoires du cardinal de Retz. J'y vis, que dans les troubles de Paris, ce cardinal avoit considéré avec surprise des piques, des lances, des pertuisanes, qu'à l'ancienneté de leur forme il jugea avoir servi dans les guerres de la ligue, et lors du siége de Paris.

Lorsque j'apperçus peu de jours après des armes antiques dans les mains des Parisiens, je ne doutai point que la plupart de ces mêmes armes n'eussent figuré dans les révoltes de la ligue et de la fronde. Des personnes plus éclairées, à qui j'exposai mes doutes, me confirmèrent dans cette opinion.

Un étranger, qui, jugeant des hommes par les événements, se figureroit que les ouvriers et les habitants en général du faubourg Saint-

Antoine sont remuants, indociles et toujours prêts à lever l'étendard de la révolte, seroit bien surpris en contemplant l'ordre, la tranquillité, je dirois presque l'indifférence pour la plupart des événements politiques, qui règnent aujourd'hui dans ce quartier de Paris.

Le quartier qui avoisine Belleville est tout rempli de cabarets, de guinguettes et autres lieux de plaisir pour les gens du peuple. Autant ces quartiers sont fréquentés les dimanches et jours de fête, autant ils sont tristes et déserts les jours consacrés au travail.

C'est dans la chaussée d'Antin, ou pour mieux dire, dans les rues voisines des boulevards Cérutti, des Italiens et des Capucines, que se trouve aujourd'hui le Paris par excellence; c'est le séjour et le rendez-vous général de tous les gens riches, de tous les voyageurs de distinction. Les bâtiments sont modernes, peu élevés, mais d'une architecture d'assez mauvais goût; elle n'est ni grecque, ni romaine, ni gothique, mais d'un style qui participe de tous ces genres, auquel on mêle des ornements égyptiens. C'est dans l'intérieur des maisons que se déploie le luxe; les glaces du plus beau volume, les draperies, les bronzes les plus riches, les marbres fins, les dorures, l'acajou, brillent de toutes parts.

En admirant ces décorations disposées avec tant de goût, on croiroit qu'elles ont été dirigées par la main des Graces; cependant les garçons tapissiers qui les arrangent ne sont rien moins que voluptueux dans leurs manières. Mais ils suivent l'impulsion de je ne sais quels arbitres du goût, qui prononcent les arrêts de la mode. Lorsqu'une coiffure nouvelle, un ajustement nouveau se fait remarquer dans un cercle, dans un spectacle, dans une promenade fréquentée par le beau monde, il arrive, par une inconcevable fatalité, que plusieurs personnes les portent à la fois; et cette mode récente se trouve déjà répandue, accréditée, lorsqu'à peine elle a pris naissance. Il est vrai que l'on explique cette particularité par le soin que prennent les modistes d'enchérir chaque jour les uns sur les autres, d'imaginer, d'exécuter les idées les plus bizarres; pour mettre leurs conceptions en vogue, ils ont l'art de revêtir de la parure nouvelle plusieurs de leurs pratiques à la fois : et s'ils ont le bon esprit de s'adresser à quelqu'un de ceux qui donnent le ton, ils sont sûrs que le lendemain *tout Paris* aura adopté la même mise.

Quand je dis, *tout Paris*, je me sers de l'expression triviale, mais il faut bien se garder de la prendre à la lettre. Il ne faut pas faire comme les habitants des provinces, qui, en lisant dans les journaux de la capitale, que telle étoffe, telle couleur est du dernier goût, s'imaginent bonnement que pendant la semaine qui s'est écoulée tous les gens de la bonne compagnie étoient habillés de la même manière.

Je passai il y a trois ans à Soissons, lorsque la mode des *chefs* ou lisières d'argent étoit en grande vogue dans la coiffure des dames; c'est-à-dire, lorsque dans une réunion, on voyoit cet ornement adopté par une très-petite partie des femmes. Hé bien! le jour où je me trouvai à Soissons, il y avoit grande assemblée au Mail, et je puis dire sans exagérer, qu'il y avoit tout au plus une ou deux dames qui n'eussent point de chef d'argent. Tous les autres s'étoient empressées d'en faire la demande à leurs marchandes de modes. Cette uniformité sembleroit bizarre à Paris, où il y a plus de disparate qu'en aucun lieu du monde, dans la mise, le ton et les manières des personnes qui fréquentent la même société.

Le faubourg Saint-Germain est encore habité par des personnes de la bonne compagnie, et même de quelque fortune; mais celles-ci sont des anciens riches et des anciens nobles. Il n'y a pas de comparaison à faire entre eux et les habitants de l'autre côté de la Seine. Ce quartier est rempli de beaux hôtels; l'ameublement de quelques-uns le dispute au luxe des nouveaux riches.

Tout ce que nous venons de dire dans ce chapitre, est étranger à M. Wraxall, qui n'a point poussé ses voyages jusqu'à Paris. Mais j'ai promis à mes lecteurs de leur donner une esquisse des mœurs des Parisiens, par un auteur étranger: je choisis pour cet effet, la narration de M. Moore, ce voyageur anglais, dont nous avons communiqué à nos jeunes lecteurs les remarques intéressantes sur l'Italie.

Le Paris que décrit M. Moore n'est pas, à beaucoup près, le Paris de nos jours ; mais notre capitale reprend chaque jour quelque chose de son ancien lustre. Les Parisiens reviennent insensiblement à leurs anciennes habitudes ; ainsi les observations de l'auteur anglais ne paraîtront pas aussi surannées qu'elles auroient pu le paroître, il y a deux ou trois ans.

Peu de temps après son arrivée à Paris, le docteur Moore alla à la comédie italienne, et il y rencontra par hasard, dans une loge, un jeune marquis français qu'il avoit connu à Londres. Le marquis courut vers lui avec toute la vivacité d'un Français, affectant le plus grand plaisir de cette rencontre ; et, sans reprendre haleine, sans même laisser à M. Moore le temps de lui répondre, il lui fit mille questions sur ses amis d'Angleterre.

Le voyageur anglais, s'appercevant que la conversation du marquis troubloit le spectacle, lui proposa de quitter la comédie. Le jeune seigneur y consentit volontiers, fit monter M. Moore dans sa voiture, et ordonna au cocher de les conduire au Colysée, où, disoit-il, *tout le monde* (c'est-à-dire, quelques gens de qualité) se réunissoient ce jour là.

Le Colysée étoit un établissement dans le genre du Waux-Hall ou du Ranelagh de Londres : il existoit, il y a environ vingt ans, à l'extrémité des Champs-Élysées, du côté de l'hôtel Bauveau. Il eut assez de vogue, tant que la bonne compagnie le fréquenta ; mais bientôt il devint le rendez-vous d'une société moins choisie et sur-tout moins nombreuse. Les entrepreneurs, déçus dans leur attente, furent obligés de le fermer.

M. Moore et le marquis, en arrivant au Colysée, montèrent dans une galerie d'où ils pouvoient voir, sans interruption, la brillante société réunie dans la salle. M. Moore y remarqua deux dames surchargées de tout l'attirail des modes d'alors, mais dont les traits, en dépit de tous les cosmétiques, de toutes les ressources de l'art, déceloient qu'elles n'étoient pas loin de cinquante ans. A la vue de ces dames, le marquis dit à M. Moore qu'elles étoient de ses parentes : il ajouta que les vieilles femmes qui avoient la prétention de paroître jeunes, étoient les personnages les plus vindicatifs du monde, si l'on n'avoit pas l'attention de les ménager; aussi, ne voulant point perdre leurs bonnes graces, il alla leur présenter ses hommages.

Quelques instants après il revint, et dit qu'il s'étoit facilement débarrassé de ces dames, en leur disant qu'il étoit engagé en conversation avec un gentilhomme anglais, que, pour les dédommager de son absence, il leur avoit dépêché un jeune officier, qui, ajouta-t-il, ne les abandonnera pas plus qu'il ne déserteroit ses drapeaux un jour de bataille, car son avancement dépend du crédit que mes chères parentes ont à la cour.

Un jeune seigneur, magnifiquement habillé, entra dans la salle; ses airs de grandeur, la fierté de son maintien et l'élévation de sa voix, annonçoient suffisamment qu'il étoit d'un rang distingué. Vous voyez, dit le marquis, M. le duc de***, il faut absolument que vous lui soyez présenté, car, sans cet avantage, on ne pourroit vivre à Paris.[1]

---

[1] C'est encore une de ces locutions exa-

Bientôt après, vint une jolie femme qui ne dissimuloit pas ses prétentions à être admirée. Elle sourioit à une personne, faisoit un signe d'intelligence à une autre, se retiroit à l'écart avec celui-ci, frappoit légèrement celui-là du bout de son éventail, éclatoit de rire en conversant avec telle personne, chuchotoit à l'oreille de telle autre; en un mot, elle paroissoit bien convaincue qu'elle étoit, de toutes les personnes présentes, la seule dont on devoit s'occuper.

Tandis que le jeune marquis se livroit à quelques railleries sur les ridicules de cette dame, il reconnut un de ses amis. Aussitôt il entraîna M. Moore au bas de l'escalier, le présenta à son ami, et lui dit étour-

---

gérées, qu'il ne faut pas, comme je l'observois tout à l'heure, interpréter dans l'acception rigoureuse du terme.

diment, que c'étoit un philosophe anglais qui se connoissoit mieux en beaux chevaux que Newton lui-même; et qu'au surplus, il étoit de si bonne composition sur l'article des plaisirs, qu'il faisoit volontiers une partie de whist, ou de tout autre jeu de cartes.

Cette personne les emmena souper à son hôtel; ils s'y trouvèrent réunis avec des hommes de beaucoup d'esprit et des femmes charmantes, qui entroient volontiers en conversation sur toutes sortes de sujets, même lorsqu'il étoit question de littérature. Celles même qui n'y entendoient rien étoient les premières à se moquer de leur ignorance, mais d'une manière si spirituelle, qu'elles sembloient prouver que l'instruction n'est pas nécessaire aux femmes, pour que l'on trouve des charmes dans leur commerce.

Quelque contraste qu'il existât entre le caractère du marquis et celui du grave voyageur anglais, ils se lièrent néanmoins d'intimité. Le premier, qui étoit fort répandu, présenta M. Moore chez les savants et les littérateurs les plus distingués de la capitale.

Il seroit difficile de se faire une idée de l'influence que les hommes instruits exercent sur des personnes aussi légères et aussi évaporées que le grand monde de Paris. L'opinion des premiers non seulement fixe le sort des bons ouvrages, mais ils dirigent encore, jusqu'à un certain point, les manières et les sentiments des personnes du haut parage et de tout le public en général.

De même que le commerce des gens de lettres exerce une influence irrésistible sur les gens riches et de qualité; de même les manières des personnes appartenant aux premières classes de la société se communiquent aux gens de lettres et aux savants.

Leur ton, l'aisance de leurs manières, se ressentent de cette fréquentation ; ils n'ont point cette rudesse, cette timidité que l'on contracte dans la retraite ; cette pédanterie qu'ont, en d'autres pays, les professeurs attachés aux universités, les ecclésiastiques, fiers de leur érudition en théologie.

La politesse et la douceur des manières sont répandues avec de certaines proportions dans toutes les classes de la société, depuis les personnes de la plus haute distinction, jusqu'aux plus simples artisans. Ce caractère distingue peut-être plus éminemment la nation française, que cette vivacité, cette gaieté inépuisable, qui ont toujours, et dans les siècles plus reculés, été le partage des naturels de ce pays.

Jamais les Français, bien différents en cela des Anglais, ne se moquent d'un étranger qui, peu familier avec leur langue, l'estropie à tout instant.

Il lui savent au contraire bon gré de ses efforts pour apprendre leur idiome: et l'universalité de la langue française est un des principaux objets dont ils se glorifient. Ils se font un plaisir d'indiquer à un étranger le mot propre, et souvent de l'aider à achever sa phrase.

Les Français, esclaves de la mode, la suivent aussi rigoureusement que leurs facultés peuvent le permettre; cependant le spectacle d'une personne habillée d'une manière toute différente du costume reçu, ne leur fait point oublier la politesse qui leur est inculquée dès l'enfance. Jamais ils ne rient en face d'une personne habillée contre le goût dominant; jamais ils ne la huent, ils la laissent tranquillement passer, ensuite ils se retournent, l'examinent à leur aise et s'amusent de cette bizarrerie.*

---

* Ajoutons, pour ne pas altérer la vérité,

Les étrangers voyageant en France, et notamment les Anglais, se sont

que cette déférence que loue ici le voyageur anglais n'a pas toujours lieu dans les grandes réunions. Une femme remarquable ou par la bizarrerie, ou quelquefois même par la beauté et le bon goût de son habillement, devient l'objet de la curiosité importune d'une partie des promeneurs, c'est-à-dire, des polissons ou des gens du peuple. Un groupe se forme autour d'elle, il se grossit sans cesse, et force enfin la personne ainsi obsédée à sortir de la promenade. J'ai vu, en deux fois différentes, deux jolies femmes, qui avoient l'avantage de ressembler un peu, l'une à madame R***; l'autre, à mademoiselle G***, assiégées par une foule considérable, à laquelle elles ont eu bien de la peine à se soustraire. Mais ajoutons que cette impolitesse n'a jamais lieu que par la faute d'un petit nombre d'individus qui forment le premier noyau, et que le reste du groupe attiré par la simple curiosité, se renouvelle sans cesse. *(Note du Traducteur.)*

toujours plaints des formes sévères avec lesquelles la police s'exerce dans cette capitale. Sterne en a fait la matière de diatribes amères, qu'il place à la tête de son voyage sentimental. Mais il n'ont pas réfléchi que ce n'est qu'à ce prix que l'on trouve dans la plupart des rues de Paris, pendant la nuit, une sûreté que l'on n'auroit pas même en plein jour dans quelques rues écartées de Londres, et des grandes cités de l'Italie.

La docilité avec laquelle les Parisiens se soumettent aux recherches de la police a cependant fourni aux escrocs bien des moyens de se jouer de leur crédulité. Du temps de M. Moore, il se passa une aventure fort singulière.

Un filou apperçoit un jour, dans une rue de Paris, un homme de qualité qu'il connoissoit de nom et de vue. Cet homme de qualité avoit au côté une épée enrichie de diamants ; il sortoit d'un hôtel et montoit en voiture. Le filou l'aborde avec la plus grande politesse ; il l'appelle par son nom, le tire à part, lui dit qu'il est exempt de la police, qu'il est porteur d'une lettre de cachet pour le conduire à la Bastille. Grand étonnement de la part de l'homme de qualité. Le prétendu exempt ajoute avec la même politesse, que c'est sans doute l'effet d'une méprise ; qu'une petite explication avec M. le Gouverneur de la Bastille, fera bien vîte révoquer l'ordre, mais, qu'au surplus, il est obligé de faire son devoir ; et pour éviter le scandale d'une arrestation publique, il lui conseille de le laisser monter paisiblement avec lui dans sa voiture, et de se faire conduire à la Bastille.

Il étoit impossible de se refuser à une proposition aussi honnête, elle est acceptée. Chemin faisant, l'adroit filou feint de s'appercevoir, pour la première fois, que son prisonnier est armé, il lui dit qu'il n'a aucune défiance, mais que cependant son devoir exige qu'il s'assure de cette épée. Le prisonnier se laisse désarmer sans difficulté. Enfin on arrive à la porte de la Bastille; le filou, muni de la superbe épée de sa dupe, descend le premier et dit qu'il va instruire le concierge de leur arrivée. L'homme de qualité est trop ému pour remarquer que l'escroc, au lieu de faire ouvrir la porte de la prison, a lestement disparu avec sa proie. Il attend près d'une demi-heure; et, commençant enfin à se douter qu'il est victime d'une friponnerie, réfléchissant d'ailleurs que si une lettre de cachet étoit en effet lancée contre lui, la fuite ne sauroit l'y soustraire, il descend, frappe à la porte, demande le concierge, et apprend avec la plus grande stupéfaction que l'on n'a vu aucun exempt de police, et qu'il n'existe aucun ordre de s'assurer de sa personne.

Il y a peu d'années, un ambassadeur du dey d'Alger fut visité par des particuliers déguisés, l'un en commissaire du gouvernement, l'autre en gendarme, qui, munis d'un faux ordre, s'étoient fait assister par des soldats du corps-de-garde voisin. Les voleurs, sous prétexte de faire des recherches, mirent la main sur des effets précieux; mais on ne tarda pas à découvrir leur crime. Ils furent punis, l'un de la peine capitale, l'autre de celle des fers.

Les coupables de grands vols manquent rarement de tomber entre les mains de la police, parce qu'il se trouve parmi les complices, de faux frères qui révèlent les auteurs du délit. Il suffit que la chose vaille la peine que l'on fasse de grandes dépenses.

M. Moore fut privé pendant plusieurs jours de la societé du marquis; lequel lui dit que, pour plaire à ses deux parentes, il étoit obligé de faire sa cour à une jeune personne qu'il alloit épouser.

Notre voyageur attendoit de jour en jour quelle seroit l'issue de cette négociation ; mais tout à coup le marquis vint le trouver, et lui dit d'un air gai : « Je suis au désespoir, mon cher ami ! — Et comment cela ? s'écria M. Moore, jamais je n'ai vu en aussi belle humeur une victime des revers de la fortune ? »

Alors le marquis lui apprit que le mariage avoit été rompu sans qu'il y eût de sa faute, et qu'il étoit l'homme du monde le plus heureux, puisqu'il avoit fait tout son possible pour plaire à ses parentes, et ne se trouvoit cependant pas engagé dans un lien qui lui répugnoit.

Ma mère, continua-t-il, est la meilleure des femmes, elle ne cessoit de me dire que ce mariage feroit son bonheur. Tous mes oncles, toutes mes tantes, toutes mes cousines, en disoient autant. Ajoutez à cela, que la jeune personne, son père, toute sa famille, attachoient quelque intérêt à ce que cette alliance eût lieu. Ma future étoit assez jolie, et comme il étoit probable que mes bons parents me donneroient tôt ou tard une épouse de leur choix, pourquoi n'aurois-je pas profité de cette occasion de les satisfaire? cependant le sort en a disposé autrement.

M. Moore répondit qu'il y avoit cela d'heureux dans son aventure, que dans le cas où le mariage auroit eu lieu, M. le marquis étoit absolument libre, et ne se sentoit vraisemblablement d'inclination sérieuse pour aucune autre femme.

Au contraire, mon cher, répliqua le marquis, j'aurois accordé la préférence à bien d'autres jeunes personnes, et particulièrement à une fille charmante, que j'adore à la folie.

Hé bien ! reprit le docteur Moore, comment pouvez-vous songer à en épouser une autre ?

Cela signifie, repartit le marquis, que je ne saurois l'épouser. Elle s'est éprise pour moi d'une belle passion, et je vous dirai même, en confidence, que je crains d'avoir abusé de sa tendresse pour moi. Voilà pourquoi je ne trouvois nulle difficulté à me rendre aux desirs de tous mes parents, et sur-tout de ma mère qui est la bonté même. Au surplus, je suis bien aise que le mariage ait manqué, sans que l'on puisse m'imputer d'avoir moi-même apporté aucun obstacle.

Je sais qu'il faudra bien qu'un jour ou un autre je m'enrôle sous les bannières de l'hyménée; mais plus tard cet honneur m'arrivera, plus j'en serai satisfait, car j'aurai moins de temps pour m'en repentir.

Tel est, dit M. Moore, le caractère des amants français. Quant à nous, ajoutons que non seulement cet observateur, fort judicieux d'ailleurs, commet la faute de juger par un ou deux individus, de l'esprit de toute une nation, mais qu'il n'a pas remarqué qu'il ne faut pas prendre à la lettre tout ce que disent les gens du monde. Ils affectent souvent une légèreté, une insouciance, une manière de voir qui ne sont nullement dans leur caractère. M. Moore auroit dû, plus que tout autre, ne pas tomber dans une méprise aussi grave, car il ajoute, immédiatement après cette apostrophe, d'autres réflexions infiniment sages et impartiales, que nous allons transcrire.

Nos compatriotes, dit-il, accusent les Français de manquer de sincérité dans leurs promesses ou dans leurs offres de services ; mais ce reproche est souvent mal fondé. La langue française est remplie de phrases de pur cérémonial et de simple civilité, dont, certes, les Parisiens sur-tout ne sont pas avares. Mais toutes ces belles paroles n'ont pas plus de valeur dans leur opinion, que le votre très-humble et très-obéissant serviteur, et autres expressions semblables que l'on met au bas de lettres missives, où très-souvent on manifeste tout le contraire de *l'humilité* et de *l'obéissance*. Et comme tous les habitants de la France savent apprécier ces vaines protestations, ils s'imaginent que les étrangers les interprètent comme eux, et ne s'avisent point de les prendre à la lettre ; aussi n'ont-ils point au fond l'intention de tromper.

La fausse interprétation des coutumes que l'usage a établies, et des préjugés eux-mêmes, est une des grandes causes de cette animosité qui nous fait juger défavorablement des mœurs étrangères, et qui acharne l'une contre l'autre les différentes nations du globe.

Les formules de compliment qui abondent dans les langues modernes, sont peut-être absurdes ou tout au moins superflues; mais l'usage les a si solidement consacrées, que les plus honnêtes gens de la France et de l'Angleterre, s'en servent comme les autres, sans tirer à conséquence, avec cette différence néanmoins, que les Italiens et les Français en sont plus prodigues que tout autre peuple. Mais nulle part ces phrases explétives ne sont considérées comme la preuve d'une amitié sincère.

L'amitié est dans tous les climats

une plante d'une culture longue et difficile. Heureux celui qui, dans sa patrie, dans les lieux même de son séjour habituel, peut en recueillir quelques fruits ; mais les voyageurs qui s'arrêtent momentanément dans un pays étranger ont peu de temps pour les cultiver. Si on leur offre quelques fleurs agréables, mais de peu de durée, ils doivent les accepter avec reconnoissance, et ne point reprocher à leurs hôtes de ne pas leur offrir des présents d'une nature plus solide, mais qui ne doivent être accordés qu'avec discrétion.

De tous les voyageurs, les Anglais sont ceux qui ont le moins sujet de se plaindre de l'accueil qu'on leur fait en pays étranger. Ils montrent trop souvent des préventions injustes contre le peuple qu'ils visitent ; ils méprisent le pays et les habitants ; ils se forment autant que possible des liaisons avec leurs compatriotes. Et cependant ils se plaignent de ce que les étrangers trop polis ne les encouragent point, à force d'importunité, à devenir plus sociables, à accepter une intimité qu'ils semblent dédaigner.

Une telle manière de voir et d'agir rend absolument nulle l'utilité qu'on se propose dans les voyages. Un Anglais pourroît séjourner quatre ou cinq ans hors de son île, et n'avoir pas la moindre connoissance des habitants des contrées qu'il parcourt. Rien n'est plus illusoire que de voyager en France ou en Italie, de ne voir absolument que ses compatriotes, et de prétendre ensuite porter un jugement sur les mœurs de ces contrées. D'un autre côté, il n'est guère moins absurde de singer le ton et les manières des pays étrangers, et de les transporter ensuite dans sa patrie, sans réfléchir si l'esprit du pays est compatibles avec de telles innovations.

Notre auteur étoit déjà depuis quelque temps à Paris, lorsqu'il y rencontra un de ses compatriotes, nommé M. B***. Cet Anglais étoit fortement prévenu contre tout ce qui se faisoit en France ; il considéroit la politesse des Français comme une impertinence, et leurs éternels complimens comme ces discours mielleux et séducteurs, par lesquels les escrocs captivent la confiance de leurs dupes.

Le docteur Moore, accompagné de M. B***, alla voir un jour une revue des gardes françaises, par le maréchal de Biron. L'affluence de spectateurs étoit considérable ; il étoit difficile de pénétrer dans le cercle d'où l'on pouvoit voir distinctement les manœuvres. Un officier supérieur, fort âgé, s'adressa à quelques personnes qui étoient devant les deux Anglais, et leur dit :

« Ces messieurs sont des Anglais. »
Aussitôt les autres personnes se retirèrent de côté. Hé bien ! dit le docteur Moore, ne trouvez-vous pas cela fort obligeant ? Oui, répondit aigrement M. B***, mais cela n'en est pas moins injuste.

Ils repassèrent par les boulevards, où ils rencontrèrent des groupes de bourgeois et d'artisans en habits de fête, et paroissant fort gais; tous ne sembloient conserver aucun souvenir du passé, tous manifestoient la plus grande insouciance pour l'avenir. Ces gens-là sont heureux, dit M. Moore. Heureux ! s'écria M. B***, s'ils avoient quelque sens commun, ils sentiroient leur misère; ils vont consommer peut-être en un seul jour, dans un cabaret, le modique produit des sueurs et des travaux de toute leur semaine.

C'est ainsi qu'il y a dans le monde des êtres qui, à force de pousser leurs réflexions trop loin, non seulement remplissent d'amertume leurs jouissances actuelles, mais qui, se plaisant à se créer un avenir sinistre, ne goûtent pas même les plaisirs que donne l'espérance. Ils sont misérables par principes, et empoisonnent tous les moments de leur vie, en entrevoyant des malheurs qui n'arriveront peut-être jamais.

Le docteur Moore alla, avec son ami B****, à la comédie; il y avoit une foule de monde à la porte, ils eurent bien de la peine à se procurer des places. On représentoit le siége de Calais, fondé sur une anecdote nationale, intéressante et flatteuse pour la nation française.

Cette tragédie eut le même succès à Versailles et à Paris; quoiqu'en matière de goût, les Parisiens ne se laissent point entraîner par les suffrages de la cour. Il arrivoit souvent qu'une pièce représentée devant la cour, avec un succès prodigieux, étoit ensuite impitoyablement sifflée sur les grands théâtres de la capitale.

Les Français, dit M. Moore, applaudissent avec transport, dans les tragédies et les comédies, les passages qui font allusion aux circonstances du moment. Par là, ils paient leur tribut de reconnoissance au gouvernement pour les mesures qu'il a adoptées dans les affaires publiques. Sous l'ancienne monarchie, c'étoit le seul moyen qu'eût le peuple de Paris, de témoigner son improbation contre les intrigues de cour, ou les bévues du ministère.

Le jeune marquis, avec lequel M. Moore avoit renouvelé connoissance à Paris, l'invita un jour à venir dîner avec lui à la campagne, disant qu'ils seroient revenus à temps à Paris, pour assister au spectacle. [1]

---

[1] On dînoit de ce temps-là de beaucoup

M. Moore accepta cette proposition, et ils se mirent en route pour la campagne du marquis, à deux petites lieues de la capitale.

Chemin faisant, ils apperçurent sur la route un jeune homme vêtu d'un uniforme tout usé, assis sous un arbre, et jouant du violon. Quand ils furent plus près, ils remarquèrent que le jeune soldat avoit une jambe de bois; qu'elle s'étoit brisée, et que les débris étoient auprès de lui.

Le marquis fit arrêter sa voiture, et demanda au soldat où il alloit ?

---

meilleure heure qu'aujourd'hui. Il n'étoit pas impossible de dîner hors de Paris, et de se trouver à la comédie avant la fin du premier ou du second acte; car les gens du monde semblent se faire un mérite de tronquer toutes leurs jouissances. Ils arrivent à une pièce de théâtre long-temps après qu'elle est commencée, et sortent presque toujours avant la fin. (*Note du Traducteur.*)

Dans mon village, répondit le jeune homme. Mais, mon cher, répliqua le marquis, vous serez encore long-temps à arriver si vous n'avez pas d'autre voiture. En disant cela, il montroit les fragments épars sur la route.

J'attends mon équipage, reprit gaîment le soldat, et tenez, si je ne me trompe, le voilà qui descend la colline.

M. Moore et son ami virent en effet une petite charrette attelée d'un cheval, dans laquelle étoit une femme assise auprès du conducteur.

Avant que la charrette les eût rejoints, le jeune soldat apprit à ces messieurs, qu'il avoit été blessé dans la guerre de Corse, et y avoit perdu une jambe; qu'avant de partir pour l'armée, il avoit été fiancé à une jolie fille des environs; mais qu'à l'aspect de sa jambe de bois, tous les parents de sa future s'étoient opposés au mariage. Cependant cette jeune fille, constante dans son affection, avoit consenti de le suivre à Paris, d'où ils devoient prendre la diligence, et aller se marier dans le pays du soldat. Par malheur sa jambe de bois s'étoit cassée en route, sa maîtresse avoit été obligée de le quitter et d'aller chercher une charrette pour le conduire dans le prochain village, se faire faire une autre jambe.

La jeune fille descendit lestement de la charrette, serra tendrement la main de son amant, et lui dit, avec un sourire angélique, qu'elle avoit fait prix avec un habile menuisier qui lui feroit une jambe à l'épreuve d'un pareil accident.

Elle paroissoit avoir vingt ans ; c'étoit une brune, jolie et bien faite, dont tous les traits annonçoient la sensibilité et la vivacité.

Vous devez être bien fatiguée, ma chère, dit le marquis. Oh ! jamais, reprit la jeune fille, quand on oblige une personne que l'on aime. Le soldat lui baisa la main avec émotion, et l'appela sa chère Fanchon.

Vous le voyez, dit le marquis à M. Moore, quand une femme a donné son cœur à un homme, ce n'est pas une jambe de plus ou de moins qui peut la faire changer de sentiment. Non, monsieur, dit Fanchon, qui l'avoit entendu, ne croyez pas que ce soient ses jambes que j'aime en lui.

Cette fille, continua le marquis, est charmante, son futur a l'air d'un bon enfant; ils n'ont que trois jambes à eux deux, nous autres nous en avons quatre : si vous m'en croyez, nous leur laisserons notre voiture, nous gagnerons à pied le village voisin, et nous verrons ce qu'il sera possible de faire pour eux.

Jamais, dit M. Moore, je n'ai accepté de proposition avec plus de plaisir.

Le soldat fit quelques difficultés pour accepter cette offre. Hé bien ! dit la jeune fille, montons, puisque ces messieurs veulent absolument nous faire cet honneur.

Une jolie fille comme vous, dit le marquis, honoreroit la plus belle voiture de France : et je voudrois qu'il fût en mon pouvoir de vous rendre aussi heureuse que vous le méritez. Moi, s'écria Fanchon, en s'élançant dans la voiture, je suis heureuse comme une reine.

Vous voyez, dit le marquis à M. Moore, tandis qu'ils suivoient à pied leur carrosse, vous voyez comme les Français sont heureux. Oui, repartit M. Moore, mais combien de temps le bonheur de ces gens-là durera-t-il ? Ah ! répliqua le marquis, c'est bien là une réflexion digne d'un Anglais ! Je ne puis pas plus assigner le temps de leur bonheur, que vous et moi ne pouvons prévoir le temps de notre existence. Ce seroit une grande folie de vivre au milieu de la tristesse, parce que nous ne savons pas si l'instant qui va naître ne nous apportera pas l'infortune, et parce que nous sommes certains que la mort finira par nous enlever nos jouissances à la fois.

M. Moore et son ami rejoignirent le couple intéressant, dans une petite auberge où ils leur firent servir quelques rafraîchissements. M. Moore, préoccupé des réflexions du marquis, dit au jeune soldat : Hé bien ! sur quelles ressources comptez-vous pour vivre, vous et votre femme ?

Bon ! répondit le jeune militaire, celui qui, pendant cinq ans, a vécu d'une paie modique, n'est point embarrassé pour vivre. Je joue passablement du violon : le village où je vais me retirer est considérable ; il s'y fait des mariages tous les jours, j'en serai le ménétrier, et ne manquerai jamais d'emploi.

Et moi, dit Fanchon, je sais faire des tresses de cheveux, des bourses de soie et raccommoder des bas de soie. D'ailleurs mon oncle a deux cents francs à moi entre les mains; quoiqu'il soit très-brutal et lié avec des gens puissants, nous lui ferons tout payer jusqu'au dernier sou.

Et moi, dit le soldat, j'ai quinze francs dans ma poche, et de plus il m'est dû deux louis par un fermier, à qui je les ai prêtés et qui me les rendra aussitôt qu'il le pourra.

Vous voyez, monsieur, reprit Fanchon, que nous ne sommes pas tout à fait à plaindre.

Les deux amis éprouvoient la plus vive émotion : le marquis avoit les larmes aux yeux. D'honneur ! s'écriat-il, c'est là une comédie larmoyante; puis, se tournant vers Fanchon, allons, ma chère, en attendant que vous puissiez vous faire payer des deux cents livres qui vous sont dues, et que votre fiancé recouvre ses deux louis, acceptez cette modique somme; aussitôt il lui remit une bourse remplie d'or. Je prends, continua-t-il, votre fiancé sous ma protection, et je lui procurerai une petite fortune. Venez l'un et l'autre me voir de temps en temps à Paris; mais l'un et l'autre, entendez-vous : car je ne veux point, belle Fanchon, mettre la moindre condition à la protection que je vous accorde. Je saurai obtenir à votre mari un honnête emploi, plus lucratif que celui de ménétrier de village.

Restez ici jusqu'à ce que vous trouviez des places vacantes dans une petite voiture, [1] et quand vous serez

___

[1] Il existe sur les routes les plus fréquentées des environs de Paris, par exemple, celles

arrivés à Paris, mon valet de chambre vous procurera un logement pour passer la nuit, et un excellent chirurgien qui remet les jambes de bois à merveille.

M. B***, l'Anglais, dont il a été question plus haut, soupa le même soir avec le docteur Moore. L'aventure de Fanchon et du soldat y fut racontée avec quelques détails. M. B*** y parut faire peu d'attention ; il se contenta de dire que le marquis étoit un excellent homme, et qu'il étoit fâcheux qu'il ne fût pas *Anglais*.

Quelque temps après, M. B*** rencontra par hasard le jeune invalide,

---

de Versailles, Saint-Cloud, Sceaux, Saint-Denis, etc., de petites voitures où l'on obtient une place, moyennant le prix modique de quinze ou vingt sous, selon la distance, le nombre des voitures, et sur-tout la quantité des personnes qui se présentent pour s'en servir. (*Note du Traducteur.*)

à la porte de l'hôtel du marquis. Il lui dit que le marquis étoit absent, mais qu'il l'avoit chargé de lui remettre vingt-cinq louis de sa part.

Le soldat en fit ses remerciements au marquis, la première fois qu'il eut occasion de le voir. Cette énigme paroissoit inexplicable à celui-ci ; mais le docteur n'eut point de peine à deviner l'auteur du bienfait.

Il existe dans le monde des hommes très-respectables d'ailleurs, et fort utiles à la société, mais qui, avant de se décider, balancent le pour et le contre, et se comportent dans toute la rigueur de ce qu'ils appellent leurs devoirs. Ils pèsent avec le plus grand scrupule les réclamations de ceux qui ont recours à leur générosité ; ils mettent la même exactitude à accorder un bienfait qu'à acquitter une lettre de change. Ils conduisent avec la même régularité et leurs affaires et leurs plaisirs; ils accomplissent paisiblement leur carrière, sans aucunement s'inquiéter des infortunes d'autrui, s'ils n'en ont pas la certitude sous les yeux.

Il est d'autres hommes qui ne calculent jamais; ils se laissent ordinairement guider par leur cœur, étranger à toute espèce de spéculation. A peine consultent-ils même leur tête. Ils rendent service, sans réfléchir si c'est ou non un devoir, et uniquement pour le plaisir de le faire. Ils oublient peut-être aussi facilement leurs plus belles actions, que ces plaisirs fugitifs, dont ils s'amusent un instant.

Ces deux classes d'hommes bienfaisants sont, à coup sûr, également utiles à la société; mais si l'une mérite notre respect, l'autre conquiert notre affection.

M. Moore s'exagérant, comme tous les Anglais, la gaieté et la légéreté qui caractérisent les habitants de la France, s'étonne de leur goût pour la tragédie, sur-tout, ajoute-t-il, pour des tragédies dépourvues d'incidents, et remplies de discours déclamatoires.

Cependant il est avéré que ce sont les gens du monde qui courent de préférence à ce genre de spectacle, et qu'il a beaucoup de charmes pour eux. On pourroit croire que les tragédies devroient être plus analogues au caractère sombre et mélancolique des Anglais ; mais le public de Londres aime à voir sur le théâtre beaucoup de pompe et des incidents multipliés. Il ne sauroit souffrir ces longs dialogues de Racine et de Corneille, quelque beaux que soient les sentiments qu'on y exprime, avec quelque pureté de diction qu'ils soient rendus.

Sous ce rapport, il sembleroit que les deux nations se comportassent d'une manière tout opposée à leur caractère et la solution d'un tel problème n'est pas sans difficulté. Je sais bien, dit M. Moore, qu'un Français trancheroit net la question, en disant que les spectateurs parisiens ont plus de goût que ceux de Londres; que les uns recherchent les charmes d'une belle poésie, et les sentiments noblement exprimés, tandis que les Anglais, moins faciles à émouvoir, ne peuvent être intéressés que par du fracas, la pompe de la représentation, le son des trompettes, la vue des combats et du sang répandu.

Les auteurs tragiques français représentent, dit-on, la nature dans toute sa simplicité, dans toute sa modestie; mais, continue M. Moore, ce n'est point en comparant leurs productions à cette nature qu'ils veulent peindre, que l'on doit juger de leur mérite. Les spectateurs français ne prennent point une aussi noble appréciation pour base de leur jugement.

Ils croient qu'une action, un langage conformes à la nature seroient incompatibles avec la dignité de la tragédie ; ils s'imaginent que les héros de théâtre doivent proclamer leur grandeur d'ame par des regards farouches, des gestes recherchés, une voix retentissante. Le dialogue simple et naturel de Shakespeare est, à leurs yeux, bas, trivial, et peu digne d'un aussi noble sujet.[1]

---

[1] Le reproche le plus fondé que l'on fasse à Shakespeare, c'est le mélange continuel des scènes les plus sanglantes, les plus pathétiques, avec le dialogue le plus bouffon. Dans une tragédie, intitulée *Suite du roi Henri VIII*, le prince fugitif rencontre son ennemi dans une forêt, le combat, le tue, et se trouve ensuite fort embarrassé, car cet incident peut le faire découvrir. Falstaff, personnage comique, valet et confident du prince, arrive dans l'endroit où gît le cadavre. Il recule d'abord

La simplicité des manières est, dit encore M. Moore, si loin d'être inconciliable avec la magnanimité, que, chez les véritables héros, ces deux qualités sont presque toujours réunies. Cette simplicité s'accorde avec le génie et les plus belles qualités de l'ame.

Les Français excellent toutefois dans

---

d'effroi, mais, quand il s'est assuré que l'homme est réellement mort, il tire son épée, le perce de part en part, afin de se donner la gloire de l'avoir tué. Le prince arrive bientôt sur la scène, et Falstaff lui raconte avec jactance, comment il a, suivant lui, triomphé de ce guerrier redoutable. Le contraste qui existe entre les fanfaronnades de Falstaff, et la bassesse révoltante de son procédé, rendent la situation du prince encore plus pénible et plus intéressante. J'ajouterai que, dans les tragédies de Shakespeare, les princes et les héros parlent presque toujours en assez beaux vers. Les gens du peuple au contraire s'expriment en prose, avec le ton et les fautes de langage qui conviennent à leur état. (*Note du Traducteur.*)

la comédie. De l'aveu de notre auteur, on trouve chez eux un bien plus grand nombre de bons acteurs que sur les théâtres d'Angleterre. Le caractère national et les mœurs des Français leur donnent peut-être quelque avantage en cette partie. Ils ont d'ailleurs de nombreuses ressources pour compléter leurs troupes de comédiens. Dans toutes les grandes villes de France il y a un théâtre. Les petites villes elles-mêmes ne sont point privées de cet agrément. Il y vient de temps en temps des troupes de comédiens ambulants. Il y a aussi des spectacles attachés aux garnisons un peu considérables et aux armées. On connoît ce mot d'une actrice du théâtre qui suivoit l'armée du maréchal de Saxe. « Messieurs, dit-elle, aux spectateurs, après une représentation, il y aura relâche demain, à cause de la bataille. »

Les acteurs français sont très-supérieurs aux acteurs anglais, dans ce qu'on appelle la bonne comédie, celle qui retrace les mœurs du grand monde. Ils savent on ne peut mieux prendre la tournure des gens de qualité. Il est vrai qu'il y a entre les manières et le ton des gens du haut parage et de ceux de la classe moyenne beaucoup moins de différence en France qu'en Angleterre. Les bons acteurs de Paris ont été de tout temps répandus dans la grande société, et ont, par cela même, beaucoup moins de peine à en imiter les manières.

Il seroit difficile qu'un valet anglais se donnât pour un homme d'importance, mais il y a, dans Paris, continue M. Moore, quantité de laquais de place, si polis, si bien au fait des modes, du ton, des discours des gens riches, en un mot, des airs du beau monde, que s'ils quittoient le costume de leur état, ils pourroient se présenter avec avantage dans quelques grandes villes, et même dans plusieurs cours de l'Europe. Ce n'est qu'à Paris, au centre du goût et de la politesse, que l'on découvriroit aisément, et du premier coup d'œil, de semblables métamorphoses.

Les actrices françaises ont encore, sous ce rapport, une supériorité marquée sur les femmes qui jouent dans les théâtres anglais et allemands.

Une figure agréable, des manières gracieuses, un organe pur et flexible, une mémoire d'une grande fidélité, une profonde intelligence de la scène, sont les premières conditions que l'on exige, en France, des comédiennes. Il est donc difficile de refuser quelque considération aux personnes qui professent un état hérissé de tant de difficultés, à la perfection duquel on n'arrive que par la réunion de grandes dispositions naturelles, et de travaux opiniâtres.

Cependant le préjugé contre les comédiens est, ou plutôt étoit, avant la révolution, beaucoup plus fort en France qu'en Angleterre. Un jour, le célèbre Lekain se trouvoit dans une société brillante où quelqu'un se mit à dire qu'un acteur fort âgé venoit d'obtenir du roi sa retraite, avec une pension considérable. Un officier, regardant fixement Lekain, s'écria, du ton de l'indignation, qu'il étoit affreux que l'on récompensât aussi magnifiquement un misérable histrion, tandis que l'on oublioit les plus fidèles serviteurs du roi. « Eh ! monsieur, répliqua froidement ce grand acteur, comptez-vous pour rien la liberté de me parler ainsi ! »

Mes jeunes lecteurs doivent comprendre par là que, sous l'ancienne monarchie, il n'étoit point permis de demander raison de l'offense la plus grave à des personnes que l'on n'avoit pas le droit de considérer comme ses égales. La moindre provocation faite à une personne d'un rang supérieur étoit sévèrement punie. De cet usage, injuste en apparence, il résultoit de grands avantages; c'est que, dans les assemblées où les rangs étoient confondus, par exemple, dans un bal ou dans une salle de spectacle, les gens les plus irascibles n'osoient insulter personne, de peur de s'adresser, par hasard, à leur supérieur.

CHAPITRE XIV.

Description des principaux monuments de Paris. Palais et jardin des Tuileries. Palais de justice, du corps législatif, du Luxembourg, du tribunat, etc. Galerie du Louvre. Musée Napoléon. Eglise de Notre-Dame, Saint-Eustache, Saint-Sulpice, etc. Panthéon. Hôtel-Dieu. Observatoire et jardin des Plantes.

Si notre but étoit de donner une description historique et détaillée de la ville de Paris, et des principaux monuments qu'elle renferme, une semblable tâche, pour être complète, exigeroit plusieurs volumes. Il faudroit ajouter aux ingénieuses recherches qu'a publiées Sainte-Foix, dans ses Essais sur Paris, les observations d'une multitude d'autres écrivains, et terminer par le tableau des changements considérables qu'a éprouvés, dans ces derniers temps, la capitale de la France. Mais, obligés de restreindre notre description au court espace d'un seul chapitre, nous tâcherons d'esquisser du moins les objets les plus intéressants.

Cette ville, aujourd'hui si imposante, n'étoit qu'une cité modeste dans le temps de la conquête de César. Elle portoit alors le nom de Lutèce, ou de *ville des Parisiens*. (*Lutetia*, ou *civitas Parisiorum*.) On trouve ces deux dénominations dans les anciens auteurs, et l'on n'en connoît pas bien l'origine, ni la signification.

Quoi qu'il en soit, l'empereur Julien aimoit singulièrement le séjour de Paris. Il l'appeloit sa chère Lutèce. Outre le palais qu'il habitoit dans l'île de la cité, et dans lequel il fut proclamé empereur par son armée, il fit bâtir le palais des Thermes, dont on voit encore quelques vestiges, rue de la Harpe, dans la maison qui a la croix de fer pour enseigne.

Pendant les cinq siècles que les Romains demeurèrent maîtres des Gaules, Paris reçut divers accroissements hors de l'île qui en étoit d'abord la première enceinte. Sous la monarchie des Francs, les Normands, autres hommes du Nord, accourus comme les premiers, dans l'espoir du pillage et des rapines, ravagèrent diverses parties de la France, et mirent plusieurs fois la ville de Paris à deux doigts de sa perte. Leurs fréquentes incursions obligèrent d'en fortifier l'enceinte. Le grand et le petit châtelet, qui sont aujourd'hui entièrement démolis, ont été construits ou réparés dans ce dessein.

Paris occupe une étendue d'environ deux lieues de diamètre, sur huit de circonférence. La ville, proprement dite, se trouve enfin tellement confondue avec les faubourgs, qu'il n'y a plus, pour ainsi dire, de ligne de démarcation entre eux. L'ancienne barrière des sergents, ou du moins la place où elle existoit, se trouve au centre du quartier le plus populeux de la ville. Les portes Saint-Martin et Saint-Denis sont plutôt des arcs-de-triomphe, des monuments destinés à embellir la ville, et à consacrer le souvenir d'actions glorieuses, que de véritables barrières de séparation. La Seine divise Paris, de l'orient à l'occident, en deux parties à peu près égales. Ces deux enceintes sont bordées de boulevards, plantés de plusieurs rangées d'arbres. Mais les boulevards, qui diffèrent peu pour la beauté et pour le soin qu'on donne à leur entretien, ne sont pas, à beaucoup près, également populeux. Ceux du nord sont les plus fréquentés. Dans les beaux jours, ils sont remplis de gens riches et bien vêtus, depuis la porte Saint-Denis, jusqu'à la place de la Concorde (ci-devant Louis XV). Au contraire, depuis la même porte Saint-Denis jusqu'à la porte Saint-Antoine, ils sont, en général, fréquentés par des gens de la moyenne et de la dernière classe.

Au surplus, les boulevards, soit du nord, soit du midi, sont garnis de jardins publics, de cafés, de restaurateurs, de salles de danse, de théâtres, et autres lieux de divertissements publics, où chaque ordre de la société trouve des plaisirs proportionnés à ses moyens, et analogues à sa manière d'être.

Il y a, dans Paris, six palais seulement, tandis qu'à Rome, on les compte par centaines; mais la raison en est toute simple, c'est que l'on n'a jamais donné que le nom d'hôtel aux demeures des personnages les plus éminents en dignité.

Le palais principal est celui des Tuileries, ainsi appelé, parce qu'on fabriquoit anciennement de la tuile dans l'emplacement qu'il occupe. On a remarqué que, par une fatalité singulière, le plus beau jardin public d'Athènes s'appeloit *Céramique*, nom qui, dans la langue grecque, signifie aussi *tuileries*, et qui venoit précisément de la même cause.

Ce palais, séjour habituel des souverains de la France, fut bâti en 1564, sur les dessins de Philibert Delorme et de Jean Bullan, sous le règne de Charles IX. Le chiffre CH entrelacés, que l'on voit sur quelques parties du bâtiment, atteste qu'il a été érigé sous les auspices de Catherine de Médicis. Henri IV l'agrandit, et le fit communiquer au Louvre par une galerie. Nous ne parlerons pas des embellissements successifs que ce beau monument a éprouvés jusque dans ces derniers temps, où on a déblayé la superbe place du Carrousel des misérables bâtiments qui l'obstruoient. Une grille, très-simple dans sa forme, mais d'une immense étendue, sépare la cour du château de la place du Carrousel. On a placé sur quatre petits bâtiments de pierre, les antiques chevaux de bronze, conquis à Venise.

Le jardin est l'ouvrage du célèbre Lenôtre. Ce genre de plantation a, sur les jardins anglais, un grand avantage, c'est qu'il existe plusieurs points d'où l'œil peut embrasser à la fois la plus grande partie des promeneurs. La grande allée qui borde la terrasse du nord offre un spectacle fort agréable dans les belles matinées du printemps, ou dans les belles soirées d'été.

Ce jardin fut, par les soins de Louis XIV, orné de plusieurs statues et de groupes de la plus belle exécution. On y a ajouté, dans ces dernières années, d'excellentes copies de statues antiques, tant en marbre qu'en bronze. A l'extrémité occidentale de la grande allée du milieu, on voit une statue d'Annibal, en pied, comptant dans une urne les anneaux des chevaliers romains, tués à la bataille de Cannes. Il y a fréquemment des curieux rassemblés autour du piédestal, et occupés à examiner un jeu singulier de la nature. C'est une tête très-bien formée, que les veines du marbre dessinent avec la plus grande exactitude. Ces figures accidentelles, produites par les veines des minéraux, s'appellent camayeux.

Il y a dans les Tuileries quatre bassins, dont deux grands et deux petits. Le grand bassin octogone est, dit-on, absolument égal en circonférence à la hauteur des tours de Notre-Dame.

Des Tuileries, on se rend aux Champs-Elysées, autre grande promenade, bornée d'un côté par la Seine, de l'autre, par des édifices somptueux et des jardins bien entretenus. On a embelli l'entrée de cette promenade de deux piédestaux, sur lesquels s'élèvent les chevaux de marbre sculptés par Coustou, et qu'on voyoit, avant la révolution, dans les jardins de Marly.

Une route magnifique et tirée au cordeau, conduit de la place de la Concorde, au bois de Boulogne et à Neuilly. Cette route, vue de la terrasse du château des Tuileries, présente un coup d'œil si imposant, qu'on la prendroit pour un prolongement de la grande allée. La route de Neuilly est couverte de beaux équipages pendant toute la belle saison, et particulièrement dans les trois derniers jours de la semaine sainte. Autrefois la bonne société de Paris alloit ces jours-là à Longchamp, entendre l'office, dans un monastère de filles, et, sous ce prétexte, chacun affichoit le plus grand luxe. Aujourd'hui, le couvent est détruit, et cette promenade n'a plus aucun but, mais la force de l'habitude n'engage pas moins les Parisiens à s'y montrer.

Le palais du Louvre ne fait plus qu'un seul tout avec les Tuileries. Toutes les parties de ce bel édifice sont si bien concordantes, que l'on croiroit qu'elles ont été bâties à peu près vers la même époque. Cependant les différentes façades en ont été construites à diverses reprises. Plusieurs corps de bâtiments ne sont pas encore achevés; on a démoli les échafaudages avant de prendre la peine de canneler les colonnes, de sculpter les frontons, les corniches, et de faire disparoître les bossages.

La belle façade qui regarde Saint-Germain l'Auxerrois a été élevée sur les dessins du célèbre Perrault. Cette colonnade est un des monuments dans lequel les modernes ont lutté avec le plus d'avantage contre la noblesse et la simplicité de l'architecture antique.

Le côté du Louvre, dont on achève aujourd'hui la construction intérieure, est destiné à contenir la bibliothèque impériale, que l'on se propose de soustraire au dangereux voisinage de l'Opéra.

Sous le dôme du télégraphe est le cabinet de physique de M. Charles, le plus complet, et le mieux entretenu peut-être qui existe dans le monde. A gauche est le lieu des séances de l'institut. On a réuni, dans cet établissement, les corporations savantes qui, sous le nom d'académie française, d'académie des sciences, d'académie des inscriptions et belles-lettres, etc.

contribuoient si puissamment aux progrès des sciences, des arts, et des lettres.

Le musée des statues et des tableaux est la collection la plus précieuse qu'on ait jamais pu réunir. Il n'a pas fallu moins que les circonstances extraordinaires, les événements de la révolution, pour nous rendre maîtres de tant de trésors. Nous ne ferons pas ici l'éloge de l'Apollon du Belvédère, de la Vénus de Médicis, de la Transfiguration de Raphaël, de la Communion de Saint-Jérôme, et de tant d'autres chefs-d'œuvres qu'on admire dans les salles diverses de ce musée. Le burin lui seul peut en donner une idée. La grande galerie des tableaux se trouve à présent prolongée depuis le jardin de l'infante jusqu'au pavillon des Tuileries. Tous les deux ans, on expose, dans deux des salles du musée, les ouvrages des peintres, dessinateurs et statuaires vivans. Cette exposition attire toujours la foule, quoiqu'il y ait un grand nombre de morceaux médiocres : mais ce sont des productions récemment sorties de l'atelier de l'artiste. Quel autre motif faudroit-il pour piquer la curiosité du public ?

L'ancien palais Bourbon, occupé maintenant par le corps législatif, étoit un édifice d'une construction légère et agréable. On a été obligé, à cause de sa nouvelle destination, d'exhausser les quatre murs, et par conséquent, de diminuer de beaucoup la grace et la proportion de ses parties. Les décorations intérieures sont d'un assez bon goût. Les galeries sont ornées de colonnes de stuc, et les murs revêtus de marbre.

Le palais du Luxembourg est dans un genre d'architecture qu'on appelle rustique. Il fut construit par Jacques Desbrosses, sur le modèle du palais

Pitti, de Florence. Ce palais, qu'habitoit jadis un des frères du roi, a éprouvé, autant qu'aucun autre lieu public, les vicissitudes de la révolution. Transformé d'abord en prison, il a été ensuite habité par le directoire. A cette époque, on a fait gratter et blanchir à neuf toutes les faces. Il est actuellement le lieu des séances du sénat conservateur, et la résidence du grand électeur, frère de l'empereur.

Le jardin étoit beaucoup plus vaste, il y a vingt ans, qu'il ne l'est aujourd'hui. On en a retranché une partie considérable, du côté de la rue Notre-Dame-des-Champs, pour y bâtir des rues et des maisons. L'emplacement des chartreux a été déblayé et défriché. On en a fait une pépinière qui aboutit au jardin, et semble en faire partie, quoiqu'elle en soit séparée par une terrasse et par une grille. Le parterre, qu'on vient d'enclaver au milieu, est du goût le plus correct.

Le palais de justice étoit, dans les premiers siècles de la monarchie, le séjour habituel des rois de France, le lieu où ils tenoient leur cour. On croit que les empereurs romains avoient un palais dans l'île de la cité; et il étoit probablement dans la même situation. Mais depuis que nos rois ont abandonné cet édifice, pour se fixer dans celui du Louvre, qui originairement se trouvoit hors de la ville et au milieu d'une forêt, le parlement est resté en possession du palais. Comme il y avoit plus de place qu'il n'étoit nécessaire pour contenir les diverses chambres du parlement, le greffe, les buvettes, etc., on avoit permis à quantité de marchands d'y établir leurs boutiques : c'est ce qui avoit fait donner à cet immense édifice le nom de Palais-Marchand.

Deux grands incendies, dont le

dernier est arrivé en 1776, avoient presque entièrement détruit le palais : mais on en a réparé les ravages. La grande façade présente l'aspect le plus majestueux. Le palais renferme, de nos jours, tous les tribunaux de justice, tant de première instance que d'appel, et de cassation. Il est résulté de la multiplicité des tribunaux, que l'on n'a pas été maître de donner à chacun d'eux un local d'une étendue et d'une dignité convenables. Plusieurs des sections du tribunal de première instance sont confinées dans des salles étroites et mesquines, dont l'insuffisance se fait trop bien sentir, lorsque quelque grande cause y appelle des curieux.

Les marchands ont, pour la plupart, abandonné ce palais, pour établir leurs boutiques dans celui du Tribunat, ou Palais-Royal, qui est le magasin, par excellence, de tout ce qu'il y a de plus riche et de plus précieux. Le tribunat, l'une des premières autorités de l'empire, occupe la partie des bâtimens qui avoisine la rue Saint-Honoré. Tout autour du jardin règnent ces magnifiques arcades, au nombre de près de deux cents, sous lesquelles sont placées les boutiques. Les galeries du midi doivent être un jour bâties en pierres, mais elles ne sont encore qu'en bois. Au centre du jardin, il y avoit naguère un édifice souterrain, dont le faîte s'élevoit de huit ou dix pieds tout au plus au-dessus du sol. Ce local étoit originairement un cirque, où le feu duc d'Orléans se proposoit de faire exécuter des exercices d'équitation. On le divisa ensuite en deux parties, dont l'une étoit un théâtre, l'autre servoit aux séances d'une société savante, nommée le lycée des arts. On avoit masqué, par des constructions en bois et par des décorations de toiles peintes, les murs de pierres de taille, les bas-reliefs, et les ornements qui les embellissoient. Toutes ces matières, trop combustibles, ayant pris feu par accident, le bâtiment a été détruit, de fond en comble, en moins de vingt-quatre heures. On a enlevé les matériaux, et l'on a aplani le terrain.

Le Palais-Royal, qui fut commencé en 1629, sous les auspices du cardinal de Richelieu, a subi depuis sa fondation, et sur-tout dans ces vingt dernières années, des changements considérables. Les rues qui l'environnent sont récemment bâties. L'espace qu'elles occupent étoit anciennement compris dans l'enceinte du jardin, qui lui-même a changé de face, à plusieurs reprises. Le théâtre de l'opéra étoit dans l'encoignure où se trouve actuellement l'athénée de Paris. La salle, ayant été consumée par un incendie, le spectacle fut transporté aux boulevards, et de là dans la rue de la Loi, où il existe encore.

On a bâti, à l'angle opposé de celui qu'occupoit l'opéra, le magnifique théâtre français; à l'autre extrémité de la même aile de bâtiments, est le théâtre Montansier.

Le palais du Tribunat est comme une sorte de ville, où l'on pourroit jouir de toutes les choses utiles ou agréables à la vie, sans sortir de son enceinte. Les restaurateurs, les cafés, les magasins de comestibles de toute espèce, y sont multipliés avec une sorte de profusion. En moins d'un quart d'heure, un homme qui se trouveroit à demi-nu, sous les galeries, mais qui seroit muni d'une forte somme d'argent, trouveroit des habillements aussi élégants et aussi somptueux qu'il le pourroit desirer.

Mais, si cet établissement est si commode, si utile peut-être, sous tant de rapports, combien n'est-il pas dangereux pour les mœurs ? Que d'écueils y sont semés sous les pas de la jeunesse sans expérience! Ici, des femmes perdues de mœurs qui, par l'impudeur de leur mise, par leurs gestes lascifs, par les propos les plus dégoûtants, sembleroient devoir plutôt détourner du vice, et le faire paroître sous l'aspect le plus hideux, que d'être capables de séduire des dupes? Là, des maisons de jeux, où vont s'engloutir des sommes énormes, où des malheureux vont sacrifier à l'espoir d'une chance perfide, et la fortune de leur famille et leur propre existence. Il n'est pas d'exemple peut-être qu'aucun homme se soit jamais enrichi au jeu : le gain que l'on y fait momentanément n'est qu'une amorce trompeuse, qui vous encourage à risquer et à perdre des sommes plus considérables. [1] Tous

---

[1] Les Italiens disent proverbialement que

les joueurs le savent ; aucun d'eux ne devroit se faire illusion ; tous voient une affreuse misère, un suicide même comme le terme probable de leur carrière, et cependant tous se livrent à ce penchant avec un aveuglement qui ne se peut concevoir.

Il existe à Paris un grand nombre d'églises ; nous ne parlerons que des principales, savoir : la cathédrale consacrée à Notre-Dame ; celle de Saint-Eustache, celles de Saint-Roch et de Saint-Sulpice, et enfin le Panthéon, qui fut d'abord élevé en l'honneur de Sainte-Geneviève, mais qui est aujourd'hui destiné à servir de sépulture aux grands hommes qui ont illustré ou illustreront la France.

Les chrétiens, dit Sainte-Foix, ne

---

le vœu le plus funeste qu'on puisse faire contre son ennemi, c'est de souhaiter qu'il gagne un terne à la loterie.

commencèrent à avoir des temples publics que vers l'année 230. La première église qui ait été dans Paris, fut bâtie, sous le règne de l'empereur Valentinien Ier, vers l'an 375 : elle s'appeloit Saint-Etienne, et il n'y avoit encore que celle-là dans l'enceinte de cette ville, en 522, lorsque Childebert, fils de Clovis, contribua, de ses largesses, à la faire réparer, à y faire mettre des vitres, à l'agrandir et à l'augmenter d'une nouvelle basilique, qui fut dédiée à Notre-Dame. Ce fut, en partie, sur les fondements de ces deux églises que l'on commença à bâtir la cathédrale actuelle, vers l'an 1160, sous le règne de Louis le jeune.

En creusant sous le chœur, au mois de mars 1711, on trouva, à quinze pieds de profondeur, [1] neuf pierres,

---

[1] On peut juger combien le *sol* ou *rez-*

dont les bas-reliefs et les inscriptions ne manquèrent pas de faire beaucoup de bruit parmi les antiquaires de l'Europe. Ce qu'il paroît y avoir de plus certain à cet égard, c'est que, sous le règne de Tibère, une compagnie de commerçants par eau *(nautœ parisiaci)* avoit fait élever dans cet endroit, qui étoit probablement alors le port de Paris, un autel en plein

---

de-chaussée de l'ancien Paris a été rehaussé ; on montoit treize marches pour entrer dans cette église ; aujourd'hui on descend. Et comment cet exhaussement progressif n'auroit-il pas lieu dans les grandes villes ? Il entre journellement dans Paris plusieurs chariots de pavés, de pierres, de moellons, de chaux et de plâtre. Quand on démolit les édifices, les gravois ou décombres sont employés à remblayer les vides, à combler le terrain, particulièrement à élever le sol voisin de la rivière, pour y construire des quais. *(Note du Traducteur.)*

vent, (car les Gaulois n'avoient point de temples) à Esus, à Jupiter, à Vulcain et à Castor et Pollux. La pierre qui servoit de foyer à cet autel étoit aisée à reconnoître par sa forme : le trou qui étoit au milieu fut trouvé encore rempli de charbon et d'encens.

La façade occidentale présente un portique à trois portes, chargé de différents ouvrages de sculpture bizarre, mais auxquels le temps a imprimé une teinte respectable. Ce portique est surmonté de deux hautes tours carrées. L'intérieur du temple répond à la majesté du dehors. Il a soixante-cinq toises de longueur sur dix-sept de hauteur, et vingt-quatre de largeur. Cent vingt piliers soutiennent les voûtes.

L'église de Saint-Eustache a été commencée en 1432, sur les ruines d'une petite chapelle dédiée à sainte Agnès. C'est un mélange d'architecture gothique et grecque. Des deux tours qui s'élèvent sur cette église, il n'y en a qu'une seule de terminée. Les bossages qui restent encore à toutes les pierres de la façade justifient le reproche que font les étrangers aux Français, d'entreprendre avec trop de facilité, et de finir rarement.

Une disparate plus choquante encore règne dans les deux tours de l'église de Saint-Sulpice. Le portail de cette église, les ornements intérieurs, la chapelle de la Vierge, les belles peintures à fresque qui décorent le plafond, tout cela est absolument terminé; mais les deux tours non seulement ne sont pas finies toutes deux, il en est une qui est visiblement plus petite que l'autre, et est en outre d'une structure très-différente. On dit que cette bizarrerie tient à la malheureuse issue d'un procès que la fabrique de Saint-Sulpice a eu à soutenir contre le clergé de Notre-Dame. On a prétendu, dans le temps, que les églises cathédrales seules pouvoient avoir deux tours ou deux clochers de même figure et de même hauteur. Les architectes, qui avoient tracé le plan des tours et de la façade de Saint-Sulpice furent contraints de mutiler leur ouvrage. La petite tour, comparée à l'autre, est du plus mauvais goût, et n'a pas, à beaucoup près, des proportions aussi heureuses.

L'église de Saint-Roch, commencée en 1675, a été achevée en 1736. Le style de son architecture est d'un assez bon goût.

Le Panthéon, construit sur les dessins du célèbre Soufflot, a éprouvé bien des altérations, depuis que l'on a changé le but de sa destination. Aux bas-reliefs qui représentoient des sujets tirés de la religion, l'on a substitué des bas-reliefs faits à la hâte, et par conséquent très-mal, représentant de froides allégories, relatives au nouvel ordre de choses qui s'est introduit en France vers 1791 et 1792. Sous le portail sont des statues colossales en plâtre, dont les traits manquent d'expression, et les membres de proportion.

On a été singulièrement alarmé, il y a quelques années, par des fentes ou lésardes qui se sont tout à coup manifestées dans les quatre piliers sur lesquels seuls repose l'énorme poids de la coupole. Pour obvier à cet inconvénient dans son principe, on a élevé, à grands frais, des massifs de pierres de taille, et de grosses charpentes, afin de soutenir le dôme, et de pouvoir réparer sans danger les piliers. Il est probable que le plus fort du travail est fait, et que le public ne tardera pas à jouir de ce beau monument,

Les restes de Voltaire et de Rousseau sont dans les caveaux du Panthéon. Ils sont déposés dans des sarcophages de bois ou de plâtre peints, et d'un goût barbare, qui atteste dans quels temps orageux ces monuments ont été construits. Les cénotaphes qui ont contenu les restes de Mirabeau l'aîné et de Lepelletier Saint-Fargeau subsistent encore, mais leurs cendres, qu'on y avoit portées avec tant de solennité et de pompe, en ont été retirées; celles de Mirabeau l'ont été de la manière la plus ignominieuse; ils s'en est peu fallu qu'elles ne fussent jetées à la voirie. Les restes de Lepelletier ont été rendus à sa famille.

L'exécrable Marat avoit aussi obtenu les honneurs du Panthéon; mais, après le 9 thermidor, on a expulsé ces restes impurs, et le monument qui les contenoit a été détruit.

L'hôtel des Invalides n'est pas seulement recommandable sous le rapport de son institution, mais comme un précieux monument d'architecture.

Philippe Auguste en avoit conçu le projet : il étoit réservé à la grandeur du siècle de Louis XIV de le mettre à exécution. Les officiers et soldats invalides y sont logés, nourris et entretenus aux frais de l'état.

L'église est en forme de croix grecque : mais le dôme est lui-même une seconde église. Tout autour sont six chapelles ornées de peintures et de sculptures des plus grands maitres. Ce lieu est décoré d'une manière analogue au but de son institution; on y a suspendu des trophées de drapeaux conquis dans les différentes batailles de la dernière guerre.

L'Hôtel-Dieu est un hôpital immense, où l'on reçoit indistinctement tous les malades indigents qui s'y présentent, à la différence des autres hospices, où l'on n'est admis qu'avec des recommandations, ou même en payant une modique rétribution. Il peut contenir plus de trois mille malades. Les soins qu'on leur prodigue, au lieu d'être tout à fait une charge pour l'état, tournent au contraire à l'avantage général de la société. C'est à l'Hôtel-Dieu que se forment les jeunes élèves en chirurgie et en médecine ; c'est parmi eux que les armées recrutent les officiers de santé qu'elles mènent à leur suite.

L'Observatoire est composé de quatre tours correspondant aux quatre points cardinaux. Il est voûté par-tout ; l'on n'a employé, dans sa construction ni bois, ni fer. On a soigneusement évité l'emploi de ces matériaux, parce que les poutres pourroient fléchir, et changer le niveau des plafonds ; on a rejeté le fer, parce que de grosses pièces de métal, outre les dégradations et les altérations dont elles sont susceptibles, auroient influé tant soit peu sur la direction des boussoles. On a tracé, dans une des grandes salles du premier étage, une ligne méridienne qui divise l'édifice en deux parties. Cette ligne, prolongée au nord et au sud, divise toute la France depuis Collioure jusqu'à Dunkerque. C'est de ce méridien que les géographes français comptent leurs degrés de longitude. On paroît à peu près avoir renoncé à prendre pour premier méridien celui de l'île de Fer. C'étoit cependant le plus naturel, puisque ce méridien divise le globe en deux hémisphères, qui contiennent l'un l'ancien, l'autre le nouveau continent. Mais il auroit fallu que les astronomes et géographes étrangers imitassent le désintéressement des savants français, et renonçassent à la petite vanité de rapporter à la situation de leurs observatoires repectifs celles des différentes parties du monde.

On descend dans les caves de l'Observatoire par un escalier de trois cent soixante marches. Ce sont des souterrains où l'on fait des observations météorologiques. Il est dangereux de se hasarder, sans guide, dans ce labyrinthe.

Dans l'intérieur des bâtiments on rencontre une salle octogone, qui a une singulière propriété; c'est de répercuter, d'un mur à l'autre, les sons proférés à voix basse, tout près de la muraille, quoique des personnes placées dans le milieu, c'est-à-dire, dans le chemin le plus court que le son doive naturellement parcourir, n'entendent absolument rien. Cela tient à la réflexion du son, qui se fait en raison des directions des angles. Il est facile de s'en assurer, en jetant contre le mur de cette salle et des autres salles acoustiques de ce genre, une balle ou tout autre corps élastique. Le corps, au lieu d'être repoussé au centre de la salle, est renvoyé au contraire obliquement d'une face du mur à l'autre.

L'Observatoire a été élevé, en 1667, par Perrault, dont on a trop tard reconnu les talents en architecture, et qui, comme l'a dit l'aristarque Boileau,

De mauvais médecin, devint maçon habile.

Le jardin des Plantes est à la fois une promenade agréable et une collection précieuse pour les sciences. L'administration qui veille à son entretien, tourne toutes ses démarches vers des objets d'utilité. C'est peu d'avoir rassemblé dans d'immenses galeries des animaux empaillés, et des minéraux de toutes les parties du monde; c'est peu d'avoir réuni dans une vaste plantation, et dans l'ordre botanique de Bernard Jussieu, toutes les espèces de plantes susceptibles d'être cultivées en pleine terre, d'avoir mis à l'abri, dans des serres chaudes, celles qui exigent une température plus ardente que celle de la France, et de nourrir, dans une ménagerie, quelques animaux enlevés à des climats lointains ; on a voulu que les allées même, consacrées aux promeneurs indifférents, trouvassent aussi leur utilité. Elles sont plantées d'arbres rares et curieux, que l'on essaie d'acclimater en France. Les bassins fourmillent d'oiseaux aquatiques inconnus ou peu communs en France, et que l'administration cherche, de tout son pouvoir, à propager, en donnant de leur race aux propriétaires qui en veulent peupler leurs terres. Du côté de l'amphithéâtre, dans ces enclos qu'embellissent des chaumières suisses et des cabanes américaines, on élève des béliers, des brebis, des boucs et des chèvres de Barbarie ; c'est là que l'on voit le kangourou de la Nouvelle-Hollande. Mais cet animal singulier, dont l'activité est resserrée dans un petit espace, semble y vivre tristement. Il auroit besoin d'un espace plus étendu, tel, par exemple, que le parc de Richemond, en Angleterre, où des kangourous mâles et femelles, ayant été abandonnés à eux-mêmes, se sont multipliés avec une rapidité prodigieuse. Il ne seroit peut-être point sans utilité d'acclimater parmi nous ce quadrupède, s'il est vrai que sa chair soit aussi exquise que celle du mouton, et qu'il vive très-sobrement.

CHAPITRE XV.

Population et commerce de Paris. Esquisse sur l'état actuel de l'instruction publique. Bibliothèques publiques. Institution des sourds-muets et des aveugles de naissance. Notice sur les théâtres. Journaux, etc.

Paris est admirablement bien situé, pour se procurer les provisions de toute espèce que consomment, chaque jour, ses nombreux habitants.

La Seine est très-propre à la navigation, par sa profondeur, et le grand nombre de ports que l'on a construits sur l'une et l'autre de ses rives. Elle communique avec la Marne, l'Yonne, les canaux de Briare et de Loing, qui amènent de la Champagne, de la Bourgogne, de l'Auvergne, etc., toutes sortes de productions de ces provinces. Du côté de l'occident, les marchandises et les denrées de la Normandie et de la Bretagne viennent à Paris par la Seine. Le tout, sans préjudice des communications par terre, que facilitent douze routes superbes, et bien entretenues. Il est difficile d'indiquer au juste la population d'une cité aussi grande. Elle paroît contenir six à sept cent mille ames de population fixe, c'est-à-dire, de personnes domiciliées à Paris. Mais on calcule qu'environ vingt ou trente mille personnes non domiciliées dans cette ville, et n'y résidant que momentanément, s'y trouvent toujours en sus de la population ordinaire. Dans les occasions importantes, par exemple, dans les fêtes qui ont eu lieu dernièrement, à l'occasion du couronnement, l'affluence des étrangers est telle, qu'elle se fait remarquer dans tous les lieux publics. Au surplus, pour se faire une idée de l'immense circulation d'individus, que leurs affaires ou leurs plaisirs appellent journellement dans cette capitale, il suffiroit de considérer le grand nombre de voitures publiques et particulières qui y transportent et en remmènent sans cesse des voyageurs.

Il se consomme, par an, à Paris, environ quatre-vingt mille bœufs, vingt mille vaches, cinq cent mille moutons, et les autres denrées, à proportion.

Dans les sept cent mille ames, dont se compose la population de Paris, on compte quatre-vingt mille ouvriers employés dans les fabriques et dans les ateliers. Les principales manufactures sont celle des Gobelins où l'on fabrique de superbes tapisseries de haute lice, d'après les tableaux des meilleurs maîtres; et la manufacture des glaces qui existe au faubourg Saint-Antoine. Ce fut le ministre Colbert qui créa cet utile établissement. Jusqu'alors on ne faisoit en France que des glaces soufflées, et l'on ne savoit pas fabriquer, comme à Venise, des glaces coulées. Colbert appela, des verreries de Venise, des ouvriers français qui y travailloient, et la verrerie de Saint-Gobin exista. Au reste, on ne fabrique point les glaces dans la manufacture du faubourg Saint-Antoine, on ne fait que les polir et leur donner la préparation du *tain*. La cherté de la main-d'œuvre rend presque impossible d'établir de grandes manufactures à Paris. Elles sont toutes dans les provinces. On ne fabrique guère à Paris que des objets de luxe, ou d'une telle délicatesse, qu'ils exigent des ouvriers exercés. On fabrique, en province, les articles bruts, et on leur donne le fini dans la capitale. Il existe toutefois des fabriques de corroierie, de tanneries, de bonneterie, d'amidon, de boutons, de couvertures, de chapeaux, de papiers peints, de toiles peintes, de faïence, de porcelaine, d'orfévrerie, de gazes, de tabacs, de teintures, d'éventails, de chocolat et de salpêtre. Paris donne le ton à l'Europe, pour les modes en tous genres, pour tous les ouvrages de bijouterie, la taille et la monture des diamants, les dentelles, etc. Mais un commerce particulier à Paris, et qui ne dépend ni des vicissitudes de la mode, ni des spéculations mercantiles des nations rivales, c'est celui de la librairie.

Depuis que la langue française s'est répandue dans toutes les cours de l'Europe, depuis que les écrivains de ce pays ont su dégager les sciences de l'obscurité, les livres français sont recherchés de toutes les nations. Je ne parle pas seulement ici de ces ouvrages immortels qui ont fixé la langue, qui sont regardés comme des modèles de la bonne littérature : mais les nouveautés de toute espèce sont avidement demandées et attendues par les étrangers.

Avant la révolution, la presse étoit assujettie à beaucoup d'entraves. Lorsqu'on vouloit publier un livre, il falloit en communiquer le manuscrit à des censeurs qui retranchoient ou changeoient tout ce qui pouvoit déplaire au gouvernement ; mais l'inconvénient le plus grave, lors même qu'on ne supprimoit rien, c'étoit d'attendre des mois entiers, jusqu'à ce que le censeur désigné eût eu le loisir de prendre lecture de l'ouvrage. De là résultoit que tous les écrits où l'on exprimoit des idées trop hardies ne s'imprimoient point en France, mais dans les pays étrangers, sur-tout en Hollande et à Genève. Mais l'autorité, peu conséquente avec ses principes, toléroit la circulation de ces livres imprimés ailleurs, et faisoit naître par là un double inconvénient, celui de laisser propager des opinions, des idées qu'elle proscrivoit comme dangereuses, et celui d'encourager, à nos dépens, l'industrie des étrangers.

Nous ne parlerons pas de l'état de l'instruction publique en France. On commence enfin à réparer les ravages que la révolution avoit occasionnés en cette partie, ravages d'autant plus funestes, qu'ils ne compromettoient pas seulement le bonheur de la génération actuelle, mais qu'ils s'étendoient encore à la génération naissante. On avoit reconnu l'abus des colléges, où les études de sept ou huit années se trouvoient exclusivement dirigées vers l'enseignement des langues grecque et latine. Les auteurs que l'on expliquoit donnoient, à la vérité, des notions utiles sur l'histoire; les jeunes gens y puisoient de bonne heure les principes de la saine littérature; j'ajouterai même qu'il y avoit, dans d'autres établissements, des chaires où l'on enseignoit plusieurs sciences physiques et mathématiques, et dont les heures de leçon étoient tellement combinées, qu'elles étoient ouvertes à tous les élèves de l'université; mais on n'avoit pas fait, de l'enseignement de ces objets un système complet et suivi. A la révolution, on est tombé dans un excès tout contraire. On n'a plus rêvé que chimie, histoire naturelle, algèbre et géométrie. On n'a pas réfléchi que ces sciences abstraites étoient moins utiles encore à la plupart des jeunes gens qui les étudioient, eu égard à la carrière qu'ils devoient parcourir, que ces langues anciennes si décriées, et qu'il étoit impossible d'apprendre, sans retenir en même temps quelques lambeaux d'histoire, et sur-tout une foule de maximes respirant la morale la plus pure.

Enfin l'on a reconnu l'abus de ces deux extrêmes. Les lycées, créés depuis dix-huit mois, sont un utile intermédiaire entre le pédantisme des anciens colléges, et l'aridité des écoles nouvelles.

On compte dans Paris plusieurs bibliothèques publiques, savoir, la bibliothèque impériale, celle des Quatre-Nations, celle de l'Arsenal, celle du Panthéon, celle de la rue Saint-Antoine, celle du muséum d'histoire naturelle, indépendamment de celles qui appartiennent aux premières autorités constituées et à d'autres établissements publics.

Celle de l'abbaye Saint-Germain, qui étoit riche en livres rares et en manuscrits précieux a été dévorée par les flammes, dans l'été de 1795.

La bibliothèque impériale, autrefois

bibliothèque du roi, a été créée par le roi Charles V. Il avoit ouvert aux savants, dans une des tours du Louvre, dite la tour de la librairie, un dépôt d'environ neuf cents volumes, collection immense pour ce temps, où l'imprimerie n'existoit pas encore. Louis XII, ayant fait l'acquisition de la bibliothèque de Pétrarque, la réunit à la sienne. François Ier l'enrichit d'un grand nombre de manuscrits grecs. Depuis ce temps, elle n'a cessé de s'accroître, et renferme environ quatre-cent mille volumes. Outre les acquisitions continuelles que font les administrateurs, les auteurs d'ouvrages nouveaux sont tenus d'y déposer deux exemplaires de leurs livres. Ces doubles servent à faire des échanges, et à augmenter les richesses de l'établissement.

La bibliothèque impériale se divise en plusieurs galeries, qui contiennent les livres imprimés, les manuscrits, les dessins et gravures, et les antiques.

On estime que le nombre des imprimés est de deux cent soixante mille; le nombre des volumes manuscrits, de quatre-vingt mille. Il y a six mille volumes d'estampes et deux mille planches gravées.

Dans une des galeries où sont déposés les livres imprimés, on remarque un beau morceau de sculpture en bronze. Les plus illustres poètes dont se glorifie la France, y sont placés sur le Parnasse, chacun selon le rang qu'il a mérité par ses écrits. Ce beau morceau a été exécuté par Titon du Tillet, et s'appelle le Parnasse français.

Dans une autre salle sont deux globes énormes, l'un céleste, l'autre terrestre, dont les pieds touchent au rez-de-chaussée, et dont l'extrémité supérieure atteint le premier étage. Ils ont environ douze pieds de diamètre. On les considère du haut d'une balustrade, autour d'une large ouverture pratiquée dans le plafond. Ces globes ont été faits, à Venise, par Vincent Coronelle; on en a fait hommage à Louis XIV, en 1683.

A la bibliothèque impériale est attachée une école spéciale des langues orientales vivantes, telles que l'arabe, le persan, le turc, l'arménien et le grec moderne. L'utilité de cet établissement sera bien sensible lorsque les circonstances nous auront permis de reprendre nos anciennes liaisons de commerce dans le Levant.

Nous ne quitterons pas cet article des langues savantes, sans parler de la magnifique collection de poinçons et de caractères orientaux, qui existe à l'imprimerie impériale.

Il est facile de concevoir combien cette imprimerie est assortie en ce genre, lorsque l'on se rappelle que l'on a imprimé l'Oraison Dominicale dans toutes les langues connues, tant anciennes que modernes. Peu de jours ont suffi pour mettre à fin cette entreprise. Le premier exemplaire a été imprimé sous les yeux du pape, par les cent cinquante presses de l'établissement, le jour où il est venu le visiter.

Parmi les établissements d'instruction publique, dont cette grande capitale tire le plus d'éclat, nous n'oublierons pas de citer l'institution des sourds-muets, et celle des aveugles de naissance. Quelle triste position que celle de ces infortunés, privés d'un sens essentiel à notre existence dans la société, dépourvus de tout moyen de communication avec leurs semblables! Aux yeux d'un sourd-muet de naissance, la vie entière est une pantomime. Les conversations, dont il est témoin, lui offrent le singulier spectacle d'un bizarre mouvement de lèvres, dont il lui est impossible de soupçonner même l'effet. Nul ne sauroit lui faire comprendre pourquoi lui seul se trouve privé d'un pareil avantage, tandis que ses organes semblent, à l'extérieur, être faits comme ceux des autres hommes. Honneur à l'homme patient qui, le premier, a imaginé de suppléer, chez les sourds-muets, à l'organe de la voix, par une série méthodique de gestes et de signes qui expriment tout aussi bien les pensées que la parole la plus énergique !

L'abbé de l'Epée, qui fut parmi nous le créateur de cet art, ne sauroit cependant en être considéré tout à fait comme l'inventeur. D'autres lui avoient frayé la route ; mais ils avoient laissé l'art dans un tel état d'imperfection, qu'on peut lui faire tout l'honneur de la découverte. M. Sicard a marché glorieusement sur les traces de l'abbé de l'Epée, et a perfectionné ses procédés. Une connoissance profonde de la métaphysique et de toutes les parties de la grammaire lui a fait appercevoir des vérités qui avoient échappé au commun des hommes. Nous nous servons tous d'une langue créée, et nous l'employons telle qu'elle est, nous nous plions à ses irrégularités et à ses bizarreries. Dans la langue des signes, au contraire, tout doit être assujetti à des règles précises ; la moindre imperfection dans le geste peut jeter de l'incertitude dans les esprits. Aussi M. Sicard avoue-t-il que ses élèves deviennent souvent ses maîtres. Eux-mêmes lui font faire, chaque jour, des découvertes. Celui d'entre eux dont il se glorifie, à plus juste titre, c'est le spirituel et intéressant Massieu. Ce jeune homme étonne les spectateurs, à toutes les séances publiques, par la sagacité de ses réponses, par la vaste étendue de ses connoissances.

L'institution des aveugles travailleurs n'a pas un but moins utile; mais leur éducation n'est pas aussi surprenante. On conçoit que le sens du tact se perfectionne par un long exercice, et met ces infortunés en état d'exécuter différents ouvrages, avec presque autant de précision que les hommes clairvoyants. Mais, au moins, on peut se faire comprendre d'eux. Les malheureux n'ont jamais vu et ne verront jamais les auteurs de leurs jours, leurs frères, leurs sœurs, les objets les plus chers de leurs affections, mais au moins ils savent qui leur a donné l'être, ils savent à quelles personnes ils tiennent par les liens du sang et de la reconnoissance. Le sourd-muet, au contraire, qui n'aura point reçu les leçons de Sicard ou d'un de ses émules, seroit le plus stupide des hommes.

Il ne jouiroit que d'une existence purement machinale, sans savoir jamais s'il a eu un père et une mère, s'il tient à une famille, à une patrie, et dans quel intérêt, par quels motifs on pourvoit à sa subsistance.

Ce que nous avons dit, dans un des chapitres précédents, de l'état du théâtre français, d'après les réflexions d'un voyageur étranger, ne nous laisse plus de grands détails à donner sur les spectacles de Paris. On y compte quatre grands théâtres, savoir, le grand opéra, le théatre français, l'opéra-comique et le théâtre de l'impératrice, rue de Louvois, où l'on a adopté, pour la comédie, un genre voisin de celui du théâtre français. Dans celui-ci on joue la tragédie et la comédie; les pièces sont exécutées par des acteurs d'un grand talent. Mais on se plaint, chaque jour, de la disette d'acteurs pour la comédie. Les Molé, les Contat, les Fleury ont créé et adopté un genre qui n'appartient qu'à eux, et qui ne trouvera peut-être jamais d'imitateurs. Déjà la mort nous a enlevé Molé. Fleury et madame Contat feront encore long-temps, il faut l'espérer, les délices de la scène, mais on ne voit pas qu'il se présente des successeurs pour les remplacer.

Après ces principaux spectacles viennent l'*opéra-buffa* ou théâtre des bouffons italiens, le théâtre du Vaudeville, celui de Moutansier, celui de la porte Saint-Martin, ceux des boulevards, etc. Jamais on n'a vu en France une aussi grande multitude de spectacles. Et cependant ce délassement ne laisse pas d'être dispendieux. Il faut toutefois convenir que bien souvent les salles sont désertes, lorsqu'il n'y a pas de nouveautés. Le théâtre français lui-même ne seroit pas aussi suivi, si des débuts éclatants n'y avoient attiré la foule des amateurs, empressés de porter leur jugement sur les objets qui divisent le public.

Quant aux petits spectacles, il y en a dont les entrepreneurs font périodiquement banqueroute. Il n'y a qu'une chose qui me surprenne, c'est que ces désastres ne se renouvellent pas plus souvent.

Le nombre des journaux étoit très-limité sous l'ancien régime.

Le journal de Paris, la Gazette de de France, le mercure, l'Année Littéraire, étoient presque les seuls ouvrages périodiques qui parussent. Dans les premières années de la révolution, le nombre des papiers nouvelles a pullulé d'une manière étonnante ; mais depuis quelque temps il a considérablement diminué. Il n'en reste plus que sept ou huit : ces feuilles toutes rédigées dans un esprit différent n'occupent plus leurs lecteurs de ces discussions politiques qui agitoient les divers partis ; leurs rédacteurs ne se mêlent plus que des dissertations littéraires : une pièce de théâtre obtient-elle quelque succès, les louanges que lui donnent certains journaux sont vivement combattues par les diatribes des autres feuilles. Deux actrices rivales se disputent-elles le sceptre de Melpomène, chacune d'entre elles a ses partisans et ses journaux, jusqu'à ce qu'un nouvel objet fasse diversion et devienne à son tour l'origine d'une contestation non moins vive.

Mais les auteurs maltraités dans les unes ou les autres de ces feuilles doivent s'estimer heureux qu'on veuille bien s'occuper de leurs écrits : ce n'est que des bons ouvrages ou tout au moins des productions passables, que les journalistes se plaisent à rendre un compte favorable ou défavorable, et soit que le nombre des mauvais écrits surpasse en effet celui des bons, soit que les rédacteurs sachent que le public recherche avec plus d'avidité une critique originale et piquante, qu'un éloge fade et insipide roulant nécessairement dans le même cercle d'idées, la plupart de leurs analyses sont plutôt des satyres que des apologies : trop souvent ils s'exhalent en diatribes virulentes, au lieu de donner amicalement des conseils aux auteurs qui auroient eu le malheur de s'égarer.

Nous avons décrit plus haut ceux des environs de Paris qui méritent quelque attention ; mais nous n'avons pas parlé de Bicêtre. Ce château, situé à une lieue environ de Paris, fut bâti en 1290 par Jean, évêque de Winchester, ville d'Angleterre. C'est de ce mot Winchester, mal prononcé, qu'est venu le nom de *Bicestre* ou Bicêtre. Depuis il a été rebâti sur un nouveau plan. Il sert aujourd'hui à la fois d'hospice pour les indigents, de maison de force pour les fous, et de lieu de détention pour les condamnés aux galères qui attendent la chaîne.

On y voit un puits de seize pieds de diamètre, et de cent soixante-onze pieds de profondeur : des gens de la maison y puisent continuellement de l'eau au moyen de deux seaux mis en mouvement par un treuil. Les seaux se remplissent dans l'eau sans avoir besoin de se renverser, à l'aide des soupapes qui en garnissent le fond

CHAPITRE XVI.

Département de Seine-et-Marne. Villes de Melun, Fontainebleau, etc. Trait de cruauté de la reine Christine. Histoire du grand veneur de la forêt. Coteaux de la Brie. Notice sur Beauvais.

Le département de la Seine dont Paris est le chef-lieu, est le plus populeux, mais le moins étendu des cent huit départemens de la France. Il est tout entier enclavé dans celui de Seine-et-Oise, et touche presque celui de Seine-et-Marne, à l'est de Paris.

Le département de Seine-et-Marne est fort étendu. Il commence à Charenton près Paris. Ce point de jonction de la Seine et de la Marne a toujours été regardé comme très-utile pendant les guerres : aussi les Romains y avoient-ils bâti un pont de bois. Ce gros bourg n'est recommandable aux yeux du voyageur instruit, que par l'école vétérinaire d'Alfort : une grande quantité d'élèves y étudient sous des maîtres distingués les diverses parties de l'art. On montre aux curieux un cabinet anatomique très-ingénieux, où l'on voit injectées toutes sortes de parties du corps de l'homme et des animaux, et même des hommes entiers ; l'injection consiste à faire entrer de la cire vierge fondue et colorée dans les artères et les vaisseaux sanguins. Un cadavre ainsi préparé se conserve pendant plusieurs années sans altération.

Melun, chef-lieu du département, est la patrie de Jacques Amyot, grand aumônier de Charles IX et d'Henri III, et célèbre traducteur de Plutarque. Melun étoit, du temps de Jules César, une ville considérable : elle se nommoit *Isers*, à cause d'un temple de la déesse Isis qu'on y avoit élevé. *Raban Maur*, historien, qui vivoit du temps de Charlemagne, assure que les habitans de Lutèce en ayant fait construire un pareil, voulurent se faire honneur de la ressemblance que leur ville avoit avec Melun, et la nommèrent *Pariseos*, comme qui diroit *Emule de Melun*.

Si cette version étoit vraie, elle prouveroit mieux que toute autre chose la vicissitude des choses humaines. Paris se seroit fait jadis honneur de ressembler à Melun, tandis qu'aujourd'hui la plus grande gloire de cette dernière ville seroit, d'avoir avec la capitale une ombre de ressemblance.

Mais je crois cette étymologie controuvée. Le mot Pariseos signifie *près d'Isis*. Il y avoit en effet à Issy près de Lutèce, un temple consacré à cette déesse des Egyptiens.

Non loin de Melun est le bourg de

Lagny, dont les habitans avoient encore tout récemment une singulière coutume. Il paroît qu'il y a deux ou trois cents ans, cette place fut prise et saccagée par un général anglais nommé Lorge. Les habitans en ont conservé le souvenir de père en fils, et l'on ne sauroit faire d'outrage plus cruel à leur amour-propre, que de leur demander *combien vaut l'orge?* Les étrangers qui s'avisent de faire cette impertinente question, sont saisis sur-le-champ et plongés dans une fontaine. On a gravé au-dessus de cette source une inscription latine fort ingénieuse et qui explique quel châtiment terrible attend les mauvais plaisants.

La ville de Montereau, située au confluent de la Seine et de l'Yonne, est célèbre par l'assassinat du duc de Bourgogne, qui y eut lieu en 1419. Le dauphin, depuis Charles VII, lui ayant demandé une entrevue sur le pont de Montereau, afin de terminer leurs différends, et l'ayant obtenue, donna ordre à ses gens de massacrer l'infortuné duc sans défense. Je dois au surplus observer que cette anecdote, adoptée par la plupart des historiens, n'est pas tellement avérée, qu'elle n'ait trouvé des contradicteurs.

Fontainebleau, à quinze lieues de Paris, est une ville peuplée de sept ou huit mille ames, qui tiroit autrefois son éclat des fréquents voyages de la cour, et du magnifique château que nos anciens rois y ont fait bâtir.

Il paroît que ce fut d'abord un rendez-vous de chasse que ces différents princes se plurent successivement à orner et à embellir.

En considérant la façade du château du côté du jardin, lors d'un voyage que j'ai fait, il y a peu d'années, dans cette ville, il m'a été facile de reconnoître que ces bâtimens avoient été construits à diverses époques. Les différents corps de logis ne se ressemblent ni par le style d'architecture, ni même par les matériaux qu'on a employés à leur construction. Le côté le plus éloigné de la ville est le plus ancien : il est d'un style bâtard entre le gothique et le genre grec. Il est presque entièrement bâti en pierres de grès que fournissent abondamment les roches voisines. J'ai admiré quatre hautes colonnes taillées chacune d'un seul morceau.

Le roi François Ier a fait bâtir la plus grande partie de ce palais; mais tout le côté moderne, construit, soit en pierres de sable, soit en briques, est du temps de Louis XIV. Les salles sont magnifiques et toutes parsemées de fleurs de lys dorées. Le cabinet de la reine a résisté aux orages de la révolution; les peintures du style le plus gracieux en sont presque aussi fraîches que si elles venoient d'être achevées.

Mais les autres salles ont été horriblement dévastées : on en a enlevé les glaces et tous les meubles qui ont été vendus à vil prix. Celui de ces objets qu'on doit le plus regretter, c'est un petit miroir haut de huit ou dix pouces sur un pied environ de largeur, qui se trouvoit dans l'une des chambres. C'est la première glace que l'on ait soufflée en France, et l'on conservoit précieusement cet échantillon. Il a été vendu à l'encan et acquis *trente sous*.

Les décorations du cabinet de la reine avoient été pareillement vendues; mais le particulier qui les avoit acquises, et en avoit déjà payé un à compte en assignats, a refusé de solder le surplus. Il n'a point voulu gâter ce cabinet précieux que ne manquent pas de visiter les étrangers qui passent par Fontainebleau.

On voit dans celles des salles qui ont

été bâties par François Ier, des *F* et des *P* entrelacés; et l'on en conclut tout naturellement que c'étoit le chiffre de François Ier. Ce chiffre a été adroitement imaginé par l'architecte pour associer indirectement son nom à celui du souverain qui l'employoit. *François Primatice*, appelé d'Italie par le monarque pour construire ce palais somptueux, satisfit ainsi sa vanité; vanité au surplus qu'il ne faut jamais blâmer dans un artiste, puisqu'elle excite l'émulation et réchauffe le génie.

La galerie des Cerfs et celle de Diane ont été construites du temps d'Henri IV; les décorations de la première consistoient en des bois de cerfs incrustés dans les murs. Cette galerie est une des parties du bâtiment qui a le plus souffert du défaut d'entretien et des outrages des révolutionnaires.

Il se passa en 1667 dans cette galerie, une scène d'une atrocité révoltante : la fameuse Christine, reine de Suède, ayant abdiqué la couronne, fit un voyage en France, et fut logée à Fontainebleau dans un temps où la cour n'y étoit pas. Cette princesse fit assassiner par ses ordres exprès, et même, dit-on, presque en sa présence, le marquis de *Monadelschi*, son écuyer, qu'elle accusoit de haute trahison envers sa personne, mais que l'on suppose avoir été un amant infidèle. Cet acte de barbarie exercé en France par une princesse étrangère, au mépris des lois sacrées de l'hospitalité, déplut fort à Louis XIV, et révolta toute la nation.

On parle beaucoup du *grand veneur* de la forêt de Fontainebleau : c'est un fantôme que l'on dit avoir souvent apparu aux rois lorsqu'ils alloient à la chasse. Nous avons vu dans le précédent volume qu'une apparition prétendue de cette espèce fit tourner la tête au foible Charles VI. En 1559, le grand veneur se fit voir pour la dernière fois du temps de Henri IV, dans un moment où le roi revenoit de la chasse très-mécontent de n'avoir rien pris.

Il entendit tout à coup un grand bruit de chiens et de chevaux, et des fanfares qui sembloient annoncer une grande chasse plus heureuse que la sienne. Le comte de Soissons, prince du sang, se détacha avec d'autres personnes pour aller voir ce que c'étoit; ce seigneur rapporta qu'il avoit vu, mais de fort loin, un grand homme noir à la tête d'un nombreux équipage de chasse, et que ce mystérieux personnage crioit de temps en temps, *entendez-vous?* ou, suivant la version de quelques autres témoins de cette scène, *amendez-vous?*

Le grand Sully y fut lui-même un jour attrapé. Ayant cru entendre le roi

Henri IV revenir de la chasse, il sortit de son cabinet pour aller lui communiquer une affaire importante ; mais Henri IV étoit à plus de quatre lieues de là. Il se trouva que c'étoit le *grand veneur* qui chassoit aux environs du château.

Il est inconcevable que cette fable absurde ait pu faire assez de fortune dans le temps, pour que des historiens n'aient pas dédaigné de la rapporter sérieusement, et qu'elle soit même encore accréditée dans le pays.

Mais il est des impostures si grossières que les contemporains ne prennent la peine ni de les réfuter, ni de remonter à l'origine des bruits qui les ont fait naître ; la génération suivante, qui trouve que ces assertions n'ont pas été démenties, croit, par ce fait seul, qu'elles ont été adoptées, et elle y attache une aveugle confiance.

La ville de Fontainebleau ne fait pas

un grand commerce : la seule manufacture importante qui m'ait paru y exister, c'est une fabrique de poterie. On trouve dans ses environs l'argile la plus favorable à ce genre de fabrication. Le beau raisin chasselas, connu sous le nom de Fontainebleau, ne vient point précisément auprès de cette ville, mais dans les vignobles du village de Tommery, qui en est à deux lieues de distance. Le sol où est situé Fontainebleau, hérissé de rochers, n'est propre à aucune espèce de culture; mais des arbres de haute futaie se font jour à travers les intervalles que laissent les roches amoncelées : ces hauteurs arides forment un spectacle curieux à voir pendant l'hiver; on a sous les yeux un diminutif des Alpes.

Nemours, Provins et Meaux-en-Brie sont d'autres villes du département : les deux dernières font un grand commerce de blés et de fromages les coteaux de la Brie produisent un vin aigrelet dont les marchands de Paris se servent pour contrefaire et altérer les vins de Bourgogne.

Le département de Seine et Marne confine à celui de l'Oise; ce territoire est fertile en grains, en vins, en bois et en légumes.

Beauvais sur la petite rivière de Thérain, est à seize lieues de distance de Paris : cette ville s'est rendue célèbre par le siége mémorable qu'elle soutint en 1142 contre l'armée du duc de Bourgogne, forte de quatre-vingt mille hommes. Ce prince fut contraint de lever le siége par le courage que montrèrent les femmes de la ville sous la conduite de Jeanne Hachette.

Pour éterniser le souvenir de ce glorieux événement, on faisoit tous les ans une procession solennelle dans laquelle les femmes avoient le pas sur les hommes.

Nous ne parlerons pas des petites villes qui avoisinent Paris, et qui, singulièrement utiles à cette capitale, par les marchés qui s'y tiennent, et les provisions qu'elles lui fournissent en abondance, n'ont cependant pas le bonheur de posséder de ces monuments qui attirent les voyageurs. Celle de Poissy où se tient un marché de bestiaux, est remarquable pour avoir été la patrie de St.-Louis, roi de France. On y voyoit, il y a quelques années, dans une antique chapelle de l'église, les fonts de baptême sur lesquels ce jeune prince a été tenu. Ils ne servoient plus depuis long-temps à personne, et on les conservoit comme reliques. C'est dans cette même ville que se tinrent, sous le règne de Charles IX, les fameuses conférences de Poissy au sujet des matières de religion; ces conférences, qui durèrent près de trois mois, n'eurent d'autre résultat que d'aigrir encore les esprits, et de préparer l'affreuse catastrophe de la St.-Barthélemy.

CHAPITRE XVII.

Description de la Picardie. Villes d'Amiens, Roye, Péronne, Calais, Boulogne. Isles flottantes de Saint-Omer. Villes de Laon, Soissons, etc. Notice sur les principales villes de la Champagne, Epernay, Reims, Châlons, Troyes, etc. Abbaye du Paraclet. Détails sur la Lorraine, l'Alsace et la Flandre française.

Nous allons à présent parler de la Picardie, grande et fertile province dont les rivières de Somme, d'Aisne et d'Oise arrosent le territoire : elle se divise en haute et basse. Amiens et Saint-Quentin sont dans la première de ces divisions; Calais, Boulogne, Abbeville, et généralement les côtes de la mer, sont dans la seconde.

Amiens sur la Somme est, pour le commerce maritime, une ville d'entrepôt aussi utile que celle de Rouen. On y fabrique toutes sortes d'étoffes.

Antonin, Marc-Aurèle, Julien l'Apostat, Constans, Valentinien, Gratien, Théodose et d'autres empereurs dont l'histoire a récompensé les belles actions et la sagesse de leur règne par ses éloges, ou puni les fautes et les crimes par ses redoutables jugemens, ont habité dans cette ville : elle est la patrie de Voiture, qui s'est rendu si célèbre dans le style épistolaire, mais dont l'esprit avoit plus de faux brillant et d'affectation que de solidité; le philosophe Rohault et l'érudit Ducange sont aussi nés dans ses murs.

A Roye, petite ville peu éloignée de Péronne, naquirent du temps d'Henri IV, deux jumeaux qui se ressembloient à un degré extraordinaire; au point d'occasionner des méprises fréquentes entre les parens et les personnes qui les connoissoient. On ajoute, mais cette circonstance a été peut-être exagérée, que ces deux individus, si semblables pour les formes extérieures, avoient une analogie remarquable d'affections et de goûts : quand l'un tomboit malade, l'autre éprouvoit des accidens du même genre. Ils étoient fils du seigneur Henri de Roucy-Sissonne.

La ville de Péronne étoit considérée comme la clef de la France, avant que des conquêtes successives nous eussent rendus maîtres de l'Artois, de la Flandre française, de la Lorraine, de l'Alsace et de tant d'autres provinces; acquisitions qui se sont fort accrues par les guerres de la révolution.

Toutes les villes de la haute Picardie possèdent des manufactures de draps et d'étoffes qui habillent la moyenne classe de la société.

Les côtes de la mer présentent d'autres branches de spéculation et d'industrie. En temps de paix le commerce de cabotage, c'est-à-dire d'un port à l'autre sur la même côte, est très-florissant; mais la guerre a entravé presque toute espèce de commerce maritime. Ces côtes sont aujourd'hui garnies de soldats, protégées par quantité de forts, par d'innombrables batteries. Le port de Boulogne, accessible tout au plus aux petits navires marchands, est devenu un port militaire, où se trouve rassemblée une flotte nombreuse dirigée contre nos ambitieux voisins. La tour d'Ordre où sont aujourd'hui élevées de fortes batteries, paroît, si l'on en croit quelques anciens auteurs, avoir été construite par l'empereur Caligula. Il est incontestable que les fondations et plusieurs parties de la maçonnerie sont l'ouvrage des Romains qui, dans tous les lieux qu'ils ont occupés, même passagèrement, ont laissé des traces indestructibles de leur puissance. On a trouvé au pied de cette tour des tombeaux, des urnes, des idoles du paganisme, des médailles et autres antiques. On dit que la tour d'Ordre étoit un phare sur lequel on tenoit pendant la nuit des feux allumés.

La ville de Calais, située vis-à-vis de Douvres en Angleterre, dans un lieu où le détroit, dit le Pas-de-Calais, a le moins de largeur, est le port le plus favorable d'où l'on puisse, au moins en temps de paix, se rendre en Angleterre. La traversée n'est que de sept ou huit lieues, et n'est presque pas dangereuse ; cependant il n'est pas sans exemple que des navires aient péri à la vue de l'un ou de l'autre port.

Sterne, dans son voyage sentimental, a vanté l'auberge de Dessein, où viennent loger la plupart des riches voyageurs qui se rendent d'Angleterre en France, ou de France en Angleterre. Cette auberge s'est transmise de père en fils dans la même famille; les bâtimens et leurs dépendances en sont tellement spacieux, qu'on peut la considérer comme formant elle seule une petite ville : tout s'y trouve réuni, jusqu'à la salle de spectacle.

La ville de Calais, malgré l'avantage de sa situation, est plutôt une hôtellerie, un lieu de passage pour les individus des deux nations, qu'un entrepôt de marchandises et une place de commerce. Les manières anglaises et françaises s'y trouvent confondues, aussi bien que les deux langues.

Nous ne parlerons de l'Artois que pour faire mention des fameuses îles flottantes qui se trouvent entre la ville de Saint-Omer et l'antique abbaye de *Clairmarais*. Ce nom indique que les marécages de la plaine ne sont pas aussi fangeux que les marais ordinaires. Il y flotte vingt petites îles que l'on conduit d'une rive à l'autre, de la même manière que l'on dirige un bateau. La plus grande a douze pieds de diamètre, la plus petite quatre ou cinq pieds : elles ont environ trois pieds d'épaisseur. Il y a sur ces îles des arbustes et des saules que les habitans ont soin d'entretenir fort bas, afin que les étrangers puissent s'y tenir à l'aise.

Ces îles flottantes consistent en une terre spongieuse que les eaux détachent de la rive, et que soutiennent les racines des saules et autres végétaux qui y croissent. Les habitans ont soin d'y remettre continuellement de la terre, parce que cette singularité ne laisse pas d'attirer des curieux. Au surplus ces îles flottantes n'ont rien de plus étonnant que les trains de bois que l'on voit tous les jours flotter sur les rivières.

Du côté de la Champagne on trouve les villes de Laon et Soissons : cette dernière fut jadis la capitale d'un royaume. On y voit l'abbaye de St.-Médard, où Louis le Débonnaire, roi de France et empereur des Romains, fut enfermé et obligé de prendre le froc et le cilice par ordre de ses trois fils, entre lesquels il avoit eu l'imprudence de faire de son vivant le partage de ses états. Ce malheureux père ayant été tiré de sa prison, marcha contre le roi de Bavière son fils ; mais il mourut de foiblesse et de chagrin pendant la marche de son armée. Une éclipse totale de soleil qui survint, contribua beaucoup à abattre ses esprits, que la superstition et de longues infortunes avoient affoiblis.

On donne le nom de Valois, à un district voisin de Soissons. Un auteur qui a écrit en 1588, pense que ce pays étoit au centre de la Gaule, et que son nom dérive de la prononciation corrompue du mot *Wallia* ou *Gallia*. Il est certain que le pays de Galles, en Angleterre, [1] tire son nom d'une étymologie semblable.

Le nom de la province de Champagne vient d'un vieux mot français qui signifie pays de plaine ou *découvert*. Il y existe en effet peu de forêts; mais les plaines sont divisées par des collines sur lesquelles on exploite de riches vignobles. Ces collines sont plus productives que les vallées, puisque l'on recueille dans celles-ci peu de blés, et qu'on y trouve peu de pâtu-

---

[1] On écrit, en anglais, Wales, c'est-à-dire, pays des Welches. Le W et le G se confondoient dans la langue celtique.

rages. Une grande partie de la Champagne porte le nom de *Pouilleuse*, à cause de son affreuse stérilité.

C'est dans les environs d'Epernay et de Reims que l'on recueille ces vins si recherchés par les gourmets, et tellement remplis de gaz élastique, que les bouchons des bouteilles seroient chassés avec violence, si on ne les assujettissoit d'une manière particulière. Les vins de Champagne les plus estimés sont les vins blancs mousseux ou non mousseux. Le petit vin rouge ne se consomme que dans le pays.

Cette province, arrosée par la Marne, contient plusieurs grandes villes, dont les principales sont Reims, Châlons et Troyes.

La ville de Reims est située dans une plaine, sur les rives de la Veyle. On y voit plusieurs arcs de triomphe et d'autres édifices bâtis par les Romains. Celle de ces antiquités qui s'est conservée dans le meilleur état, est un arc de triomphe encore presque entier. On ignore pour quelle cause, et par qui il fut élevé. Les colonnes en bas-reliefs sont d'un travail précieux, mais quelques antiquaires pensent que ce sont des morceaux plus anciens qu'on a adaptés à l'édifice.

Les promenades de Reims sont délicieuses. Mais, qui le croiroit? elles sont peu fréquentées par les habitants, qui ne s'y montrent guère que les jours de fêtes. Dans les petites villes, on éprouve moins qu'à Paris le besoin des promenades publiques. Les Tuileries et beaucoup d'autres jardins de la capitale ne seroient peut-être pas aussi fréquentés, si des personnes qui habitent des quartiers éloignés, ne s'y donnoient souvent des rendez-vous pour affaires. Ajoutez à cela que, dans une promenade de Paris, on est, en quelque sorte, perdu et isolé au milieu de la foule des promeneurs. On rencontre à peine de temps en temps deux ou trois connoissances, que l'on se contente de saluer. En province, au contraire, tout le monde se connoît, et, par cela seul, on risque, à tout moment, d'être accosté par des personnes qui troublent vos méditations si vous êtes seul, ou dérangent votre conversation, si vous vous promenez avec quelqu'un.

La cathédrale de Reims est un superbe édifice gothique, dont on vante sur-tout le portail. Les trois portes énormes par lesquelles on entre dans ce temple sont surmontées d'une rose en vitrage, dont la découpure élégante et délicate produit le plus bel effet. Quoique les faisceaux de pierres qui soutiennent le vitrage ne laissent pas d'avoir de l'épaisseur, cependant la rose est à une telle hauteur qu'elle paroît ne se soutenir que par une espèce de magie.

Dans l'église de Saint-Remi étoit le tombeau de l'archevêque saint Remi, par les exhortations duquel Clovis embrassa le christianisme, et qui sacra ce monarque à Reims. De là étoit venue la coutume de sacrer dans cette ville la plupart des rois de France. Tous, à la vérité, ne se sont pas conformés à cet usage. Plusieurs de nos rois ont été sacrés à Notre-Dame de Paris; d'autres, à Soissons; d'autres, à Saint-Denis. Henri IV s'est fait sacrer à Chartres.

Dans l'église Saint-Nicaise, aujourd'hui démolie, étoit un pilier remarquable, qu'on nommoit le *pilier tremblant*. Cette haute masse de pierres éprouvoit une oscillation très-sensible, lorsque l'on sonnoit une des grosses cloches. Il paroît que la voûte ne posoit pas d'à plomb sur ce pilier;

mais, telle étoit la bonne construction du reste de la nef, que la solidité de l'édifice n'en étoit pas moins assurée.

La ville d'Epernay a été assiégée par Henri IV, pendant les guerres de la ligue. Ce prince y perdit un de ses meilleurs généraux, le maréchal de Biron, père de celui qu'il fit décapiter. Le roi et le maréchal examinoient ensemble les travaux du siége. Henri IV s'appuyoit légèrement sur l'épaule de Biron. Un coup de canon emporte tout à coup le maréchal; et le roi de s'écrier, avec son juron ordinaire : « Ventre-Saint-Gris, je l'ai échappé belle ! »

La ville de Sainte-Menehould a été le théâtre des premiers exploits de Louis XIV, qui y apprit le métier des armes, sous le maréchal du Plessis Praslin. C'est par la brèche que son artillerie avoit faite aux remparts, qu'il entra dans sa première conquête, et dans la route de ses grandes actions.

Près de Rhétel sont de misérables vestiges du village de Sorbon, patrie de Robert Sorbon, à qui l'on doit la fondation de la faculté de théologie qui résidoit à Paris, et portoit le nom de Sorbonne.

Mézières, Charleville, Rocroy et autres places de ce département sont toutes fameuses par les siéges qu'elles ont soutenus, par les batailles sanglantes, et quelquefois décisives, qui se sont livrées sous leurs murs. On peut dire de ces contrées ce qu'on disoit du territoire classique de la Grèce et de Rome ; il n'y a pas ici une pierre qui ne se rattache à l'idée de quelque action mémorable : *nullum sine nomine saxum.*

La ville de Châlons-sur-Marne possède une belle promenade, dite le *Jard*, où l'on voyoit, il y a cent ans, une chaire en pierre de taille, dans laquelle on prétend que saint Bernard prêcha les croisades, en 1246, devant le pape Eugène III, le roi Louis le Jeune, et une multitude innombrable de peuple. Ce monument curieux fut détruit en 1681, au grand regret des habitants de la ville.

La ville de Troyes est privée, par la disette de pierres de taille, de ces monuments somptueux et durables, qui embellissent tant d'autres villes. Les maisons sont toutes construites en bois. On n'a pas même cherché à suppléer, par la recherche et l'élégance de l'architecture, à l'emploi de matériaux plus précieux. Les rues sont sales, tortueuses et obscures.

On doit aux anciens comtes de Champagne un de ces canaux par lesquels l'eau de la Seine circule avec facilité dans la ville : mais il s'en faut de beaucoup que l'eau de cette rivière y soit aussi agréable au goût, aussi salubre qu'elle l'est à Paris. Les habitants sont, en général, réduits à se contenter d'eau de puits ; cette eau, qui a trop de crudité, engendre, dit-on, des maladies. Il est vrai que l'eau de puits n'a pas, en province, cette saveur infecte et insupportable qu'elle contracte dans les puits de Paris.

Ces mauvaises qualités qui en feroient une boisson plus dangereuse encore que désagréable, qui empêchent le savon de s'y fondre uniformément, et les légumes de s'y cuire, tiennent à plusieurs causes ; d'une part, aux matières calcaires qu'elles contiennent en dissolution ; de l'autre, aux infiltrations qu'occasionne le voisinage de ruisseaux infects, des égoûts et des latrines.

Le commerce de Troyes est dans un état assez florissant, quoique restreint à un petit nombre d'objets.

Non loin de cette ville est l'abbaye du Paraclet où sont enfermés les restes de deux amants célèbres, Abélard et Héloïse. Le monument qu'on a placé sur le mausolée d'Abélard, est du temps même de cet homme célèbre, et la grossièreté du ciseau suffiroit presque pour l'attester : ce sont trois figures informes taillées dans le même bloc, et qu'Abélard avoit fait faire pour rendre sensible aux yeux l'idée qu'il s'étoit formée de la Trinité.

Le département des Ardennes est ainsi nommé des vastes forêts qui en couvrent la plus grande partie, et qui s'étendent jusque dans la Belgique. La fertilité du sol est peu considérable même dans les cantons envers lesquels la nature est le moins défavorable : il tire toute sa richesse des mines de fer, des carrières d'ardoise et de marbre.

Près de Mézières, au sommet d'une haute montagne, est un lac fort singulier dont les physiciens ont bien de la peine à expliquer l'existence : il n'est alimenté par aucun ruisseau, par aucune rivière, et cependant ses eaux se soutiennent à la même hauteur, et ne s'épanchent jamais. La profondeur en est inconnue, une sonde de soixante brasses (plus de trois cents pieds) n'en a pu trouver le fond. On a seulement reconnu que l'intérieur étoit un cône renversé et alloit toujours en diminuant; il est probable que c'est le cratère de quelque volcan éteint; mais comment expliquer le séjour des eaux dans ce lac, à moins de supposer qu'il communique par des conduits souterrains avec un grand amas d'eau situé dans une autre montagne, et qu'il se fait un nivellement dans leurs eaux?

L'ordre de notre description devroit nous conduire dans les riches contrées de la Flandre française et autrichienne; mais comme nous nous proposons de terminer ce voyage par une description rapide des départemens réunis, nous allons parler sur-le-champ de la Lorraine et de l'Alsace.

La Lorraine, y compris le Barrois et le territoire dit les Trois-Évêchés, est à l'ouest de la Champagne et au nord de la Franche-Comté. On en a formé les quatre départements de la *Meuse*, de la *Moselle*, de la *Meurthe* et des *Vosges*.

Louis XIV s'étoit emparé du duché de Lorraine: mais il fut obligé de le rendre par la paix de Riswick. En 1736, la cession en fut faite à Louis XV par le duc régnant qui devint par la suite empereur d'Allemagne. Le roi Stanislas ayant renoncé à la couronne de Pologne, obtint la jouissance pendant sa vie des duchés de Bar et de Lorraine.

Les vallées sont fertiles en grains de toute espèce, en fruits et en chanvre : les montagnes et les coteaux abondent en vignobles, en pâturages, en bois et gibier. Les étangs sont très-poissonneux. Enfin l'on trouve dans cette province des salines, des mines de fer, de plomb, de cuivre et même d'argent ; des carrières de pierres de taille et de marbre.

C'est par la Lorraine que les Prussiens et les Autrichiens firent en 1792 cette invasion qui eut si peu de succès ; les premières villes dont ils s'emparèrent furent Longwy et Verdun. Ils ne conservèrent ces conquêtes que pendant environ un mois.

Cette dernière ville, qui fait partie du département de la Meuse, est renommée par ses fabriques de dragées, de confitures et de liqueurs. Vaucouleurs, petite ville du même département, a vu naître dans ses environs la célèbre Jeanne d'Arc. Madame Dubarry, favorite de Louis XV, étoi aussi de ce pays.

La ville de Montmédy est sur la frontière de la France du côté de Luxembourg : on assure que le projet de Louis XVI étoit de se réfugier dans cette place, d'appeler autour de lui la noblesse du royaume, et de protester formellement contre tous les actes des assemblées constituante et législative, lorsqu'il s'enfuit le 21 juin 1791 du château des Tuileries. L'empressement avec lequel on arrêta la fuite de ce prince ; la manière humiliante dont on le ramena dans la capitale, firent présager le sort qui l'attendoit.

La ville de Metz, chef-lieu du département de la Moselle, étoit la capitale du royaume d'Austrasie : les Juifs y ont eu de tout temps une synagogue, et forment une partie considérable de sa population.

La ville de Metz fut affligée en 1374 d'une maladie épidémique fort singulière : on l'appelait la *danse de Saint-Jean*, parce que, dit-on, ceux qui en étoient atteints se mettoient à danser et à faire toutes sortes de folies.

On attribue à Lemaire des vers en langage du temps, et qui décrivent d'une manière assez bizarre les symptômes de cette frénésie :

>Le prêtre en faisant son service,
>Le juge séant en justice,
>Le laboureur en son labeur,
>Dansoient, sautoient, mais en douleur :
>Fût-ce en dormant, fût-ce en veillant,
>Fût-ce pauvre, ou le *vaillant*,[1]
>Ou plus ou moins, à l'aventure;
>Grand fut le mal des créatures.
>Dans la ville il y eut dansants
>Tant grands que petits, quinze cents.

On crut que la danse de Saint-Jean étoit un effet de la possession du dé-

---

[1] C'est-à-dire, l'homme riche, celui qui possédoit des *valeurs*, qui avoit *quelque chose vaillant*.

mon, parce que la ville étoit en interdit : mais n'étoit-ce pas un effet des mêmes prestiges qu'ont depuis renouvelés les convulsionnaires de Saint-Médard ?

En 1436 il parut à Metz une fille ou femme qui se prétendoit être la fameuse Pucelle d'Orléans, que l'on croyoit généralement avoir été brûlée à Rouen. L'identité de cette femme avec l'héroïne dont nous avons déjà eu plus d'une occasion de parler dans le cours de cet ouvrage, n'a pas été reconnue par les contemporains; mais il ne paroit pas non plus qu'elle ait été démontrée fausse.

Nancy, chef-lieu du département de la Meurthe, se divise en deux parties, la ville neuve et la ville vieille; la première est tirée au cordeau et régulierement bâtie. Cette place doit au feu duc Stanislas la plus grande partie de ses embellissemens. Elle a vu naître

Charles Callot, dessinateur et graveur célèbre qu'on peut appeler le Hogarth (1) de la France, et le père Mainbourg, historien plus volumineux que fidèle.

Les ducs de Lorraine tenoient leur cour dans le magnifique château de Lunéville.

Le département des Vosges tire son nom des hautes montagnes qui en couvrent la partie méridionale, et dont celle nommée le *Ballon* est la plus haute. Le chef-lieu est Epinal, place jadis très-forte, mais aujourd'hui démantelée. Il y avoit à Remiremont, ville à quatre lieues d'Epinal, une abbaye de chanoinesses nobles, dont l'abbesse avoit le titre de princesse du Saint-Empire. Dans les environs croissent une multitude de cerisiers sauvages dont les fruits donnent la liqueur

---

1 Fameux artiste anglais.

distillée, connue sous le nom de *kirschenwaser* (on prononce *kirchevase*).

Les eaux minérales de Plombières jouissent d'une grande réputation. Le village de *Chamagne* près de Mirecourt a vu naître *Claude Gelée*, fameux peintre en paysages, mieux connu sous le nom de *Claude Lorrain*. Cet artiste ne dut ses progrès qu'à la nature et à son intelligence. Il ignoroit les lois géométriques de la perspective, et cependant nul n'a su mieux que lui en rendre les effets. Les figures d'hommes et d'animaux que l'on voit dans les tableaux de ce maître, ont été ajoutées par d'autres peintres.

L'Alsace, antique possession des rois des deux premières races, et passée depuis à la maison d'Autriche, a été rendue à la France par le traité de Munster en 1648 : elle se divise en haute et basse, et compose les deux départemens du Haut-Rhin et du Bas-

Rhin. Ce fleuve la sépare de l'empire d'Allemagne : son territoire, en outre, est arrosé par l'Ill.

Colmar, dans le département du Haut-Rhin, est une petite ville agréable et bien bâtie : elle avoit autrefois le titre et les priviléges de ville impériale. Dans tout ce département, il y a des usines de toutes sortes de métaux, notamment dans les environs de la petite cité de Sainte-Marie-aux-Mines. Les immenses forêts qui couronnent les montagnes de ces cantons fournissent d'abondants matériaux pour leur exploitation, celle des forges et autres usines.

Le sol du département du Bas-Rhin, ou, ce qui revient au même, de la Basse-Alsace, est le plus riche et le plus fertile de tout le pays : il produit du blé, du vin et des pâturages; les montagnes qui le couvrent du côté de l'ouest abondent en mines de plomb, de cuivre et même d'argent. On y voit des sources d'eaux minérales.

La ville de Strasbourg, chef-lieu de ce département, et capitale de toute l'Alsace, est une grande et belle ville peuplée de cinquante mille ames : c'est une des villes les plus considérables de l'empire, par sa situation et l'importance de ses fortifications. On y admire plusieurs monuments publics, mais la plupart des habitations particulières sont construites en bois. La cathédrale existe sur l'emplacement de l'ancienne église que l'on dit avoir été bâtie sous le règne de Dagobert. On assure que le chœur de l'église actuelle date du temps de Charlemagne : le clocher passe pour un des plus beaux monumens gothiques ; la tour, à laquelle on travailla pendant cent soixante-deux ans, et qui fut terminée dans le quinzième siècle, est une pyramide de quatre cent quarante-cinq pieds de hauteur. C'est la plus haute de l'Europe : elle surpasse même en élévation la petite pyramide d'Egypte. Toute la flèche est travaillée à jour avec une étonnante délicatesse.

La ville de Strasbourg, dont l'existence remonte au-delà du siècle de Jules César, n'acquit quelque splendeur que vers la fin du quatrième siècle. Aujourd'hui la position de cette ville sur les limites respectives de la France, de l'Allemagne et de la Suisse, et sa situation sur le Rhin, lui donnent la plus grande importance pour le commerce.

Il y a à Strasbourg quatre grands hôpitaux fort bien entretenus : celui dit des Bourgeois possède des caves où le vin et les grains se conservent pendant plus d'un siècle.

La promenade dite de *l'Arbre-Vert* est remarquable par un arbre touffu à l'ombre duquel on peut dresser plus de vingt tables de quatre couverts chacune. Plus de cent personnes peuvent se tenir commodément sous cette espèce de tente naturelle, et y walser ou danser en rond, à la mode du pays.

Le costume des Strasbourgeoises est singulier, mais élégant, et ceux de nos jeunes lecteurs qui demeurent à Paris peuvent en juger par les échantillons qu'on en donne quelquefois sur les théâtres.

Les filles seules ont le droit de porter des tresses. Une fois mariées, elles cachent leurs cheveux sous des toques de velours, enrichies de dentelles et de paillettes. Cet attribut établit, sur-tout dans les villages, une ligne de démarcation très-sensible entre les femmes mariées et les jeunes filles. On voit souvent les filles, en corps, couper les tresses de celles de leurs compagnes, dont la vertu a reçu quelque atteinte.

La Flandre se divisoit autrefois en Flandre française et en Flandre autrichienne, pour désigner les possessions de l'une et de l'autre de ces puissances; mais cette différence doit disparoître aujourd'hui depuis la réunion de la Belgique. D'ailleurs le séjour fréquent des armées françaises dans la Flandre et le Brabant, en laissant subsister le caractère national, avoit cependant altéré l'idiome du pays. La plupart des gens instruits, ou jouissant de quelque aisance, savent parler français, et préfèrent cette belle langue au patois du pays, qui est un mélange d'idiomes de toutes les nations, dans lequel domine la langue hollandaise.

Le département du Nord comprend tout le territoire de l'ancienne Flandre française, dont la ville de Douay étoit la capitale.

Cambrai, à cinq lieues de Douay, sera à jamais célèbre, pour avoir eu le bonheur de posséder dans ses murs, en qualité d'archevêque, l'illustre Fénélon, auteur de Télémaque et d'un Traité d'Education, à l'usage des jeunes filles. Un des traits les plus touchants que l'on raconte de la vie de ce respectable prélat, c'est le zèle avec lequel il alla réclamer, auprès de l'ennemi lui-même, une vache que des soldats maraudeurs avoient enlevée à une pauvre paysanne. Il n'eut point de peine à obtenir cette faveur, d'un général qui avoit ordonné que la personne et les propriétés de Fénélon fussent scrupuleusement respectées. On vit l'archevêque lui-même ramener, dans la cabane de la veuve désolée, la vache qu'on lui avoit prise, et qui faisoit presque toute sa fortune.

Lille n'est une cité florissante que depuis le traité de paix d'Aix-la-Chapelle, qui, en 1668, ajouta toute la Flandre française au territoire de la France. Depuis ce temps, elle s'est considérablement embellie. Son premier fondateur fut Baudouin IV, comte de Flandre. Elle est située sur la Deule. La citadelle est une des plus fortes du pays, et le premier ouvrage de Vauban.

Elle est séparée de la ville par une belle promenade. On fabrique, dans cette ville, des dentelles, à l'instar de Valenciennes et de Malines. Dans les premières, les fleurs et ornements sont faits en même temps que le tissu; dans les autres, ils sont généralement brodés à part, après la confection du réseau.

Ce genre d'industrie occupe, dans toute la Flandre et dans la Belgique, une innombrable quantité de bras. Les fils, dont on fabrique la dentelle, sont si fins et si délicats, que, pour ne point se rompre tandis qu'on les travaille, ils ont besoin d'être entretenus dans une certaine humidité.

On fait en conséquence la belle dentelle dans les caves et d'autres édifices souterrains.

Dans les campagnes, on voit des huttes d'une construction singulière, dont le comble s'élève à peine de quelques pieds au-dessus du sol. Ce sont des chaumières souterraines, où les paysans fabriquent des dentelles, dans les moments d'intervalle que leur laissent les travaux des champs.

Pendant les guerres de la révolution, la ville de Valenciennes a été occupée par les armées autrichienne et anglaise, depuis le 27 juillet 1793, jusqu'au 27 août de l'année suivante.

La ville de Dunkerque, dans la Flandre maritime, est une ville grande et très-peuplée. Elle appartenoit aux Espagnols, lorsqu'ils étoient maîtres des Pays-Bas. Elle fut conquise par le maréchal de Turenne, en 1658, et cédée, suivant les conventions qui en furent faites, à Olivier Cromwel protecteur de la république d'Angleterre. Mais, peu de temps après, Louis XIV la racheta des Anglais. Ce prince y fit construire des fortifications considérables, et en agrandit le port. Mais, en vertu du traité d'Utrecht, il fut obligé de combler le port, et de démolir les forteresses.[1] Jusqu'à la paix d'Amérique, en 1783, il y a eu à Dunkerque un commissaire anglais, qui surveilloit l'exécution du traité, et empêchoit qu'on ne rétablît le port militaire.

On usa cependant, pour conserver une haute tour, reste d'un ancien château que Charles-Quint avoit fait construire en 1538, on usa, dis-je, d'un stratagême indigne d'être em-

---

[1] Cette stipulation étoit humiliante, il est vrai, mais aussi la France acquéroit une partie des Pays-Bas, et on lui accordoit, en outre, de grands avantages. (*Note du Traducteur.*)

ployé par une puissance aussi formidable que la France. Il avoit été expressément convenu par les traités qu'aucune tour ne pourroit subsister, si elle surpassoit la hauteur des maisons; et, comme celle-ci étoit fort utile pour établir des signaux et des guérites, on imagina d'éluder le traité, en faisant construire, sur la plate-forme de la tour, une petite maisonnette, qui est encore habitée aujourd'hui. Lorsque les Anglais réclamèrent l'exécution de la stipulation, on leur montra cet édifice, et, par ce subterfuge, on échappa à la nécessité de remplir des engagements trop rigoureux.

Le fameux marin Jean Bart est né à Dunkerque : il étoit fils d'un simple pêcheur. Cette ville faisoit un grand commerce d'exportation, et envoyoit, tous les ans, plus de soixante bâtiments à la pêche de la morue. Le voisinage de l'Angleterre donne à Dunkerque une physionomie anglaise. Les enseignes des commerçants et des aubergistes sont écrites en anglais et en français.

CHAPITRE XVII.

Description de la Belgique, extraite d'un ouvrage du rédacteur. Signification du mot Belge. Villes de Menin, Courtray et Ostende. Origine de la couleur isabelle. Description de Bruges, de Gand, de Malines, de Tongres, Maëstricht, Bruxelles et autres villes des départements réunis.

La Belgique,[1] où nous entrons, est une des parties de la France, et peut-être de l'Europe, la plus remarquable

---

[1] Tout ce chapitre est extrait de mon Voyage dans la Belgique et sur la rive gauche du Rhin.

par les événements importants, dont elle a été le théâtre, par la fécondité de son sol, l'industrie de ses habitants, et les noms des artistes distingués qu'elle a vu naître.

Il paroît que le nom de Belge vient du celtique *belgen* ou *velgen*, étranger, et qu'il fut donné à ceux de ces hommes du Nord qui vinrent s'établir dans cette contrée. Au surplus, c'est une question difficile à décider. Les anciens peuples n'étoient pas aussi jaloux que les modernes, de conserver la mémoire de leur premier établissement, et n'ont rien fait pour mettre leurs

---

On conçoit que je n'ai pu faire entrer ici qu'une très-petite partie d'un ouvrage qui consiste en deux forts volumes in-8°. Je n'en ai extrait que les détails que j'ai cru pouvoir s'adapter au but de cette collection. J'ai écarté toutes les recherches scientifiques, et j'ai passé légèrement sur la plupart des descriptions. (*Note du Traducteur.*)

descendants à portée de retrouver leur origine.

Après avoir été ravagés par les Vandales et les Normands, les Pays-Bas échurent, par droit de succession, aux ducs de Bourgogne, puis à l'empereur Charles-Quint. Philippe II, fils et successeur de Charles-Quint, perdit, en 1580, sept des dix-sept provinces qui les composoient, par la révolution de la Hollande. Le roi d'Espagne, zélé partisan de la religion romaine, au point de déclarer qu'il aimeroit mieux n'avoir aucun sujet, que d'en avoir un seul qui ne seroit pas catholique, avoit usé de toutes sortes de rigueurs contre ses sujets belges, et les poussa au désespoir par cette conduite impolitique.

Le département de la Lys, par lequel nous entrons d'abord, se compose d'une très-grande partie de la Flandre autrichienne. Menin,

Courtrai, qui jadis étoient considérées comme les clefs de cette province, ont été démantelées; mais elles font quelque commerce de lin, de chanvre et de toiles.

Ici le sol paroît être conquis, non pas, comme en Hollande, sur le lit même de la mer, mais au moins sur ses rivages: naturellement aride, et sablonneux, il n'est revêtu d'un terreau végétal que par les engrais naturels provenant des dépôts successifs des rivières.

Les campagnes sont tellement couvertes de villages, qu'au premier abord on prendroit toute cette contrée pour une seule ville: ce qui n'a pas peu contribué à faire refluer la population dans les campagnes, ce sont les guerres dont le fléau s'exerçant particulièrement sur les villes fortifiées, en a expulsé les citadins et les négocians.

Du côté d'Ypres, le canal de Vouzinghe excite la curiosité des étrangers.

La ville de Nieuport n'étoit autrefois qu'un petit hameau dépendant de la ville maritime de Lombarsyde; mais le port de cette dernière ville ayant été comblé par les sables dans le treizième siècle, on en construisit un nouveau à l'endroit où se trouve Nieuport.

Le port d'Ostende est un monument de la grandeur de Joseph II : ce prince vouloit procurer à ses sujets, en quelque sorte malgré eux, les avantages du commerce maritime, il vouloit assurer la liberté de l'Escaut, dont les Hollandais empêchoient la navigation à son embouchure. Il vouloit rétablir à Ostende la compagnie des Indes qu'un chevalier de la Merveille y avoit établie jadis; mais d'aussi vastes projets compromettoient tant d'intérêts, que Joseph eut la douleur de les voir échouer. Les réformes qu'il cherchoit à établir dans la religion, et qui avoient été assez paisiblement accueillies en Autriche, soulevèrent contre lui les Pays-Bas.

La ville d'Ostende est célèbre par le long siége qu'elle soutint au dix-septième siècle contre l'armée de l'archiduc Albert, commandant des Espagnols. Il dura trois ans et trois mois : les Hollandais qui défendoient la ville y perdirent cinquante mille hommes, et l'archiduc quatre-vingt mille. C'est à ce siége que l'on doit l'invention de la couleur isabelle. L'armée de l'archiduc se disposoit à un assaut général : on se promettoit tant de succès de cette entreprise, qu'on regardoit la reddition de la place comme certaine. L'archiduchesse Isabelle, témoin avec son époux de toutes les opérations du siége, fit le vœu de ne pas changer de chemise avant qu'Ostende ne fût conquise.

L'assaut cependant ne réussit pas : Isabelle persista à remplir son vœu; et comme le blocus se prolongea encore quelque temps, son linge de corps étoit devenu d'un blanc sale tirant sur le jaune. C'étoit une belle occasion de faire sa cour à la princesse : aussi chacun la saisit avec empressement; les dames firent teindre de cette couleur leur linge et leurs ajustemens; les militaires portèrent des écharpes *isabelles*.

On est obligé de faire à Ostende provision d'eau douce, comme ailleurs de comestibles : les puits ne fourniroient que de l'eau salée. On fait venir l'eau douce de Bruges, d'où les brasseurs la charient dans des barques; ce liquide, de première nécessité, est conservé dans un réservoir proche du port.

La ville est entourée de deux canaux profonds dans lesquels le flux de la mer fait entrer les vaisseaux. Au moment de la marée, une activité incroyable règne sur les côtes de l'Océan. Si elle descend, des groupes de pêcheurs attendent joyeusement que les eaux se soient retirées pour s'emparer des coquillages, des poissons et des vers marins qui demeurent à sec. Des navires attendent avec impatience le flux ou le reflux, pour entrer dans certains ports, ou pour en sortir suivant les localités.

On pêche quelquefois dans les parages d'Ostende des cachalots ou autres animaux marins d'une grosseur monstrueuse. En 1704, il échoua sur la côte huit cachalots qui avoient chacun soixante et quatorze pieds de long.

La ville de Bruges a tiré son nom du mot flamand *Bruggen*, qui signifie pont, parce qu'en effet la multitude des canaux exige une quantité presque innombrable de ponts. Philippe le Bon, duc de Bourgogne, fonda à Bruges, en 1430, le fameux ordre de la Toison d'or, que portent encore aujourd'hui les souverains de l'Autriche et de l'Espagne.

Il y a deux siècles, Bruges étoit le rendez-vous des négocians de toutes les parties du monde; les commerçans de chaque pays avoient une maison particulière, avec leurs magasins et leurs consuls, pour la garantie de leurs droits et priviléges. Jean Van-Eyk, dit Jean de Bruges, y florissoit en 1370. On doit à cet artiste la découverte de la peinture à l'huile. Son premier essai en ce genre a pour sujet l'agneau de l'Apocalypse, qui se voit au musée Napoléon de Paris.

Les Flamands trop ingrats, n'ont point attesté par une statue, ni par aucun monument de ce genre, leur reconnoissance envers Jean de Bruges, tandis qu'ils ont élevé à Biervliet une statue à Guillaume Beukels, qui a imaginé en 1396 le procédé utile de caquer et de préparer le hareng.

Marie de Bourgogne, épouse de l'archiduc Maximilien, étant un jour à la chasse près de Bruges, tomba de cheval, et se fit une légère écorchure à la hanche : la blessure n'étoit aucunement dangereuse ; mais, par pudeur, l'archiduchesse ne voulut pas se faire panser par des hommes, et en mourut. Cet accident eut une influence puissante sur les destinées de la Flandre. Marie étoit chérie des Flamands. A sa mort on disputa à Maximilien la tutelle de ses enfans, et cette contestation fut l'origine d'une longue guerre civile dans laquelle Maximilien ayant été fait prisonnier par ses propres sujets, pensa perdre la vie; il ne dut sa délivrance qu'à l'intervention de l'empereur et du pape.

L'Escaut, qui arrose le département de ce nom, est un des plus beaux fleuves de l'Europe : le bras occidental n'étoit autrefois qu'un canal qui fut creusé en 980 par ordre de l'empereur Othon. Il se rendait alors en ligne droite à travers le territoire hollandais ; mais en 1377 il se fit un débordement considérable ; plusieurs villages furent engloutis ; la Zélande se trouva séparée en plusieurs îles, dont la plus considérable est celle de Walcheren. On nomme cette partie de l'Escaut le *Hondt*, c'est-à-dire *meute de chiens*, parce qu'à l'endroit où il se divise, il fait un bruit semblable à l'aboiement d'un chien.

La ville de Gand, chef-lieu du département de l'Escaut, est une ville considérable, peu peuplée, eu égard à son étendue. Cependant c'est une erreur de croire que sa grandeur puisse se comparer à celle de Paris : ce n'étoit que par une mauvaise plaisanterie que Charles-Quint disoit qu'il feroit tourner Paris dans son *Gand.*

Cette ville ayant osé se révolter contre Charles-Quint, en fut cruellement punie : elle subit à peu près le même sort sous le règne de Joseph II.

Les Flamandes de la classe opulente sont généralement belles, mais si froides, si immobiles, qu'au premier coup d'œil ce ne sont que de belles statues : elles n'ont pas cet aimable babil qui trouve dans un rien le sujet de toute une conversation, qui répand le vernis de la jovialité sur des discussions d'ailleurs futiles. Un homme du monde, c'est-à-dire un de ces petits maîtres qui ne connoissent que les boudoirs et les toilettes, chercheroit en vain dans les salons un agréable délassement. Les hommes courent les estaminets et les places de commerce; leurs épouses, leurs filles, réunies en société, s'occupent d'ouvrages de broderie, ou d'autres travaux convenables à leur sexe : rarement les hommes y sont admis, et malheur aux absens ! Les anecdotes du jour, la chronique scandaleuse se répandent avec une promptitude admirable. Nous devons voir la cause de ce mal (car c'en est un) dans le peu de goût du peuple de la Belgique pour les théâtres ; ce n'est qu'à Bruxelles qu'il y a une salle de spectacle un peu suivie.

La ville de Gand conserve dans la forme extérieure et dans la distribution intérieure des bâtimens, des traces irrécusables de l'influence qu'y eurent autrefois les Espagnols.

Près de l'église de Saint-Bavon est une tour, nommée le Beffroi, [1] où se trouvoit une cloche énorme, nommée la Roëland, qui pesoit onze milliers.

---

[1] En Flandre, comme dans quelques villes d'Italie, le clocher est souvent un bâtiment distinct de l'église.

Toutes les églises de Flandre sont munies de carillons.

Sur la grande place, dite le marché du vendredi, on voyoit jadis une statue dorée de Charles-Quint, qui est né dans cette ville.

Parmi les villages du pays, les plus considérables sont ceux de Lockeren et de Saint-Nicolas, peuplés chacun de douze à quatorze mille ames. Il y a beaucoup de villes qui ne renferment pas autant d'habitans.

Il se trouve, sur plusieurs parties de la côte, des endroits où, en dépit des efforts de l'homme, la mer cherche quelquefois, avec succès, à rentrer dans son domaine; nous citerons entr'autres l'île de Cadsant, ou Cassandria, dont la mer a insensiblement envahi les limites.

Rien n'est plus imposant que l'aspect que présentent la ville et le port d'Anvers, vus de la rive gauche de l'Escaut. Les mâts des navires semblent confondus avec les flèches de clochers qui sont ici en bien plus grand nombre que dans les grandes villes de l'ancienne France.

Il est fâcheux que l'on ne puisse établir de pont sur l'Escaut vis-à-vis d'Anvers. L'impétuosité des eaux, et surtout les glaces amoncelées par les débâcles, auroient bientôt détruit une construction de ce genre : aussi regarde-t-on comme une entreprise merveilleuse, la résolution qu'exécuta Alexandre de Parme, de construire un pont au-dessus d'Anvers, lorsque cette ville étoit assiégée par les Espagnols. Le pont fut rompu aussitôt après la prise de la ville ; mais auparavant on donna sur le pont même un festin superbe à toute l'armée ; et les généraux, justes appréciateurs de la bravoure, ne dédaignèrent point de descendre un instant de leur rang suprême, et de servir eux-mêmes les soldats charmés de se voir donner les viandes et les vins par les plus grands seigneurs.

Si l'on ne peut traverser l'Escaut sur un pont, au moins on peut le passer sans retard et sans danger, au moyen d'une multitude de barques toujours prêtes à recevoir les voyageurs.

La citadelle d'Anvers, les forteresses de Namur et de Luxembourg sont les seules places fortes que Joseph II ait laissé subsister dans les Pays-Bas autrichiens. Il craignoit que ses sujets turbulents ne s'en emparassent ; mais aussi, par cette imprévoyance, il facilita la conquête que les Français en firent peu d'années après.

La ville d'Anvers se glorifie d'avoir été le séjour favori de Rubens et de Teniers, d'être la patrie de Mathys, dit le Maréchal,[1] et de Vandik, peintres non moins célèbres.

---

[1] Mathys aimoit, dit-on, la fille d'un

La tour de la cathédrale a quatre cent soixante-six pieds de hauteur, et est sans contredit la plus élevée de l'Europe : elle n'a d'autre rivale que le clocher de Strasbourg.

Le sol du district appelé *la Campine* consiste, pour la plus grande partie, en landes marécageuses ; mais on en défriche de temps à autre quelques arpens. Au surplus ces landes ne sont pas tout-à-fait inutiles : on y exploite de la tourbe, sorte de combustible qui consiste en débris de toutes sortes de végétaux.

La ville de Malines est belle et bien bâtie : les rues sont larges, régulières et fort propres ; elle regarde en trian-

---

peintre ; instruit que cet artiste vouloit absolument pour gendre un homme de son état, il quitta le marteau et l'enclume pour un pinceau et une palette. Quand il eut fait des progrès suffisans, il demanda et obtint sa maîtresse en mariage.

gle celles de Louvain, de Bruxelles et d'Anvers, où l'on se rend par trois belles routes pavées, chacune de quatre lieues de long.

Un des plus remarquables édifices, est l'église de Saint-Romuald et sa tour, haute de trois cent quarante-huit pieds. Ce clocher n'est pas achevé : si la flèche étoit terminée, elle l'élèveroit d'un tiers de plus. Aux quatre côtés sont des cadrans chacun de cent quarante-quatre pieds de circonférence, et dont les chiffres horaires ont sept pieds de longueur ; en les considérant d'en bas, on seroit loin de leur soupçonner ces dimensions prodigieuses.

Les reliques de Saint-Romuald, patron de Malines, étoient enfermées dans une châsse de vermeil qui pesoit trois mille six cents marcs, et était enrichie de pierreries.

Ce trésor ne put échapper au pillage lors des guerres de religion qui désolèrent ce beau pays. Cependant les habitants contribuèrent aux frais d'une seconde châsse, beaucoup plus légère, il est vrai, et moins précieuse que la première.

La population de Malines est de vingt-six mille habitans, qui pour la plupart tirent leur subsistance du commerce et des manufactures.

Saint-Trond est une des premières villes que l'on rencontre dans l'ancienne principauté de Liége : à quelques lieues de là est la ville de Tongres, antique cité des Advaticiens ; c'est la première ville des Gaules où l'on ait prêché le christianisme ; ses eaux minérales étoient célèbres dès le temps de Pline.

Le nom de la ville de Maëstricht signifie, en idiome flamand, passage sur la Meuse : elle est en effet située au confluent de ce fleuve et de la rivière Jecker. Maëstricht étoit autrefois sous la double juridiction du prince évêque de Liége et des états généraux de Hollande. Ses magistrats étoient moitié protestans et moitié catholiques. Saint-Servais, ancien évêque de Maëstricht, étoit, dit-on, contemporain de Jésus-Christ. La légende lui attribue trois siècles d'existence, pendant lesquels il auroit été soixante-dix ans revêtu de la dignité épiscopale. Il est probable que cette légende est fondée sur quelque erreur, sur quelques confusions de dates.

Lorsqu'en 1576, les habitants, voulant secouer le joug des Espagnols, eurent chassé la garnison de leurs murs, elle se réfugia dans le faubourg de Wick, de l'autre côté de la Meuse, où elle eût été inévitablement forcée de se rendre, sans une ruse de guerre qui fit retomber momentanément la ville sous le joug des Espagnols. Peu fortifiée du côté de la Meuse, Maëstricht n'étoit défendue que par quelques pièces d'artillerie. Les Espagnols imaginèrent de monter à l'assaut, en faisant marcher devant eux les femmes de Wick. A l'abri de ces étranges boucliers, ils entrèrent sur le pont, et firent feu sur les bourgeois, qui, ne pouvant se défendre, sans tirer sur leurs parentes, ou du moins sur leurs compatriotes, abandonnèrent leur poste, et laissèrent aux Espagnols une victoire facile.

A peu de distance de la ville est la fameuse montagne de Saint-Pierre, connue par ses immenses carrières et les pétrifications curieuses qu'on y trouve. La pierre qui les compose est formée d'une partie de terre calcaire, d'une partie de grès sablonneux et d'une partie de coquillages fluviatiles ou marins, mais une seule espèce y domine particulièrement.

Une des plus belles pétrifications qu'on ait trouvées dans les carrières de Maëstricht, c'est la tête fossile du crocodile qui se voit au musée d'histoire naturelle de Paris. Des ouvriers la découvrirent en 1770, à cinq cents pieds de profondeur, sous une couche de pierres de quatre-vingt-dix pieds.

La ville de Ruremonde, sur la Meuse, à l'embouchure de la Roër, est la patrie du célèbre géographe Mercator. A l'extrémité septentrionale des possessions françaises de ce côté, est la forteresse de Venlo, où l'on se propose d'achever un canal qui fut commencé en 1627, et que l'on appela le *nouveau Rhin*, ou la fosse eugénienne, en l'honneur de l'infante Isabelle-Claire-Eugénie, épouse de l'archiduc Albert.

A la fin du seizième siècle, les bombes ont été inventées dans cette ville par un artificier de Venlo, qui ne songeoit d'abord qu'à en faire un amusement. En répétant ses expériences, il mit le feu à sa propre maison et à plusieurs quartiers de la ville.

Ce désastre fut le moindre de tous ceux qui suivirent cette funeste découverte. Le prince Alexandre de Parme y vit une machine redoutable à la guerre, et en fit bientôt après l'essai sur la ville de Venlo elle-même.

La nécessité a rendu les hommes ingénieux à détruire, ou tout au moins à diminuer le danger de ces projectiles : l'habitude a tellement affoibli l'effroi qu'ils inspiroient d'abord, que l'on voit des soldats animés par l'espoir d'une modique récompense, arracher, au péril de leur vie, la mèche dont les bombes et les obus sont armés.

Louvain, une des villes les plus considérables du Brabant, est célèbre par son université où Juste Lipse, Ericius Puteanus et tant d'autres savans professèrent les belles-lettres.

La ville de Bruxelles a la forme d'une poire : elle est située sur un sol inégal ; ses diverses éminences lui donnent de loin un aspect pittoresque.

On ne trouve dans l'histoire aucune trace de son origine : on n'est pas même d'accord sur la manière dont son nom doit être ortographié en latin et en flamand ; ce qui a donné carrière aux conjectures les plus bizarres des étymologistes. Ericius Puteanus rapporte une série de remarques qui pourroient être regardées comme amusantes, s'il ne les présentoit que comme un jeu du hasard, et s'il n'y attachoit pas une sorte de fatalité, tirée de la combinaison mystérieuse des nombres.

Bruxelles fut d'abord gouvernée par *sept seigneurs* à la fois qui y possédoient *sept* châteaux, et dont les familles sont restée sous le nom des *sept* familles patriciennes, parmi lesquelles on élisoit jadis les magistrats ; *sept* paroisses, *sept* places publiques, *sept* hôpitaux, *sept* maisons pieuses, *sept* montagnes, *sept* tribunaux, *sept* portes. On y a vu à la fois *sept* têtes couronnées, etc. [1]

La Senne, qui arrose Bruxelles, est une très-petite rivière dont on a détourné une partie des eaux, au-dessus de la ville, pour alimenter le canal de Vilvorde.

L'hôtel de ville, superbe monument gothique, est bâti sur la place du marché, la plus belle des places publiques de Bruxelles, et qui n'étoit autrefois qu'un marais.

On voyoit naguère, dans une salle de l'arsenal, l'armure complète de l'empereur Charles-Quint, le grand éten-

---

[1] Savoir, Charles-Quint; Philippe II son fils, alors roi de Naples; Maximilien, roi de Bohême, Éléonore, reine de France; la reine de Hongrie, gouvernante des Pays-Bas; Muley-Hassem, roi de Tunis, et la duchesse de Lorraine, décorée du titre de reine de Jérusalem.

dart de France, pris à la bataille de Pavie, l'armure du malheureux Montezuma, empereur du Mexique, l'épée que Henri IV, roi de France, envoya à l'archiduc Albert, pour lui notifier, d'une manière très-laconique, une déclaration de guerre, et d'autres curiosités qui sont presque toutes des monumens historiques.

Le parc et l'allée verte sont les deux plus belles promenades de Bruxelles. On montre dans le parc l'hermitage où Charles-Quint se retira en 1566, lorsqu'ayant volontairement abdiqué la couronne, il se disposa à partir pour l'Espagne, comme simple particulier. Il existe aussi dans le parc un bassin quadrangulaire, où le czar Pierre-le-Grand, étant pris de vin, se laissa tomber lors de son passage à Bruxelles en 1717.

On a beaucoup parlé d'une fontaine de Bruxelles, appelée le petit Mannekepisse : c'est une statue de bronze représentant un enfant qui pisse un jet continuel. On le qualifioit du plus ancien bourgeois de Bruxelles. Dans certaines fêtes, on le revêtoit d'habits magnifiques dont plusieurs souverains l'avoient gratifié.

L'église de Sainte-Gudule est un édifice imposant où l'on remarque une chaire à prêcher d'un travail exquis. Ce beau morceau de sculpture étoit autrefois dans l'église des Jésuites de Louvain.

Les manufactures de Bruxelles, notamment celles de voitures de luxe, sont dans l'état le plus florissant ; cette ville est peuplée de quatre-vingt mille ames. Entre les fêtes solennelles qui se célébroient à Bruxelles, nous citerons celle dite la *Veille des Dames*, qui avoit lieu le 19 janvier de chaque année. Ce jour-là on sonnoit de grand matin toutes les cloches : on dansoit, on exécutoit des concerts, et le soir les femmes mettoient elles-mêmes leurs maris au lit, sous la condition qu'ils leur donneroient le lendemain un joli déjeûner ; cette fête bizarre étoit destinée à consacrer le souvenir du retour inopiné de plusieurs bourgeois de Bruxelles, partis pour les croisades, et qui reparurent tout à coup, après sept années d'absence, au grand contentement, dit-on, de leurs épouses.

Le département où est situé Bruxelles s'appelle département de la Dyle, du nom d'une rivière navigable qui le traverse, et qui se jette dans la Rupel près de Malines.

Le département voisin porte le nom de Jemmappes, de celui d'un village voisin de Mons, près duquel le général Dumourier remporta, vers la fin de 1792, une victoire décisive contre l'armée autrichienne.

Ce que nous avons dit de quelques villes et de différentes portions du territoire de la Belgique suffit pour donner une idée de tout le reste. Nous ne parlerons donc ni de la ville de Mons, ni de celle de Liége, ni de la forteresse de Luxembourg, chef-lieux de trois des départements réunis.

Quant aux pays de la rive gauche du Rhin, cédés à la France par les derniers arrangements qui ont eu lieu avec l'empire d'Allemagne ; ce n'est point ici le lieu d'en donner la description. Ces quatre départements, quoique compris aujourd'hui dans les limites de l'empire français, offrent, par les mœurs des habitants et l'aspect général du territoire, beaucoup plus de rapports avec l'Allemagne. Cette teinte ne s'effacera que peu à peu, et par une longue communication, par de fréquents rapports d'intérêt et de commerce entre ces nouveaux Français et les anciens. Nous avons réservé ce qui concerne la rive gauche du Rhin, pour en faire un article séparé du Voyage en Allemagne, que renferme le tome suivant.

Fin du Voyage en France, et du Tome huitième de la troisième année.

TABLE DES MATIÈRES

CONTENUES

DANS CE VOLUME.

Voyage en France, par William Wraxall, avec des additions importantes tirées des ouvrages de Moore, Arthur Young, et d'autres écrivains distingués.

Chap. XI. *Description de Châteaudun. Route de Blois à Tours. Falunières et pétrifications curieuses de la Touraine. Entrée du voyageur dans l'Anjou et le Maine. Fabrique d'épingles de l'Aigle. Pierres at-*

mosphériques tombées près de cette ville. Page 1

Chap. XII. Territoire de la Beauce. Villes de Chartres et de Dreux. Cérémonies des anciens druides. Route à Paris, par Rambouillet et Versailles. Villages de Saint-Cloud, Nanterre, Ruelle, etc. Ville et abbaye de Saint-Denis. 24

Chap. XIII. Description de Paris. Différences frappantes qui existent entre ses divers quartiers. Esquisse des anciennes mœurs des Parisiens, tirées du voyage de Moore. Aventures d'un jeune soldat invalide et de sa fiancée. Remarques du même auteur sur le théâtre français. 40

Chap. XIV. Description des principaux monuments de Paris. Palais et jardin des Tuileries. Palais de justice, du corps législatif, du Luxembourg, du tribunat, etc. Galerie du Louvre. Musée Napoléon. Eglise de Notre-Dame, Saint-Eustache, Saint-Sulpice, etc. Panthéon. Hôtel-Dieu. Observatoire et jardin des Plantes. Page 96

Chap. XV. *Population et commerce de Paris. Esquisse sur l'état actuel de l'instruction publique. Bibliothèques publiques. Institution des sourds-muets et des aveugles de naissance. Notice sur les théâtres. Journaux, etc.* 131

Chap. XVI. *Département de Seine-et-Marne. Villes de Melun, Fontainebleau, etc. Trait de cruauté de la reine Christine. Histoire du grand veneur de la forêt. Coteaux de la Brie. Notice sur Beauvais.* Page 153

CHAP. XVII. Description de la Picardie. Villes d'Amiens, Roye, Péronne, Calais, Boulogne. Isles flottantes de Saint-Omer. Villes de Laon, Soissons, etc. Notice sur les principales villes de la Champagne, Epernay, Reims, Châlons, Troyes, etc. Abbaye du Paraclet. Détails sur la Lorraine, l'Alsace et la Flandre française. 167

CHAP. XVIII. Description de la Belgique, extraite d'un ouvrage du rédacteur. Signification du mot Belge. Villes de Menin, Courtray et Ostende. Origine de la couleur isabelle. Description de Bruges, de Gand, de Malines, de Tongres, Maëstricht, Bruxelles et autres villes des départements réunis. 203

FIN DE LA TABLE.

www.ingramcontent.com/pod-product-compliance
Lightning Source LLC
Chambersburg PA
CBHW061956180426
43198CB00036B/1276